Daniela Mattes und Roland Roth

Mythos Wiedergänger

Was haben Zombies, Dracula und Frankenstein gemeinsam?

Daniela Mattes und Roland Roth

Mythos Wiedergänger

Was haben Zombies, Dracula und Frankenstein gemeinsam?

„Mythos Wiedergänger"
1. Auflage Mai 2021

Ancient Mail Verlag Werner Betz
Europaring 57, D-64521 Groß-Gerau
Tel.: 00 49 (0) 61 52/5 43 75, Fax: 00 49 (0) 61 52/94 91 82
www.ancientmail.de
Email: ancientmail@t-online.de

Bibliografische Information der Deutschen Nationalbibliothek:
Die Deutsche Nationalbibliothek verzeichnet diese Publikation in der Deutschen Nationalbibliografie; detaillierte bibliografische Daten sind im Internet über http://dnb.dnb.de abrufbar.

Covergrafik: Martina Nowak
Covergestaltung: Werner Betz
Druck: WIRmachenDRUCK GmbH, D-71522 Backnang

ISBN 978-3-95652-305-2

Inhalt

Vorwort

Überall auf der Welt herrscht seit Jahrtausenden ein tief verwurzelter Aberglaube. Die Menschen unterschiedlichster Kulturen und Religionen fürchten sich vor den „Wiedergängern“ – den Untoten, die aus den Gräbern zurückkehren, um die Lebenden zu holen, zu bestrafen oder auch zu quälen.

Ihre Gestalt und ihre Beweggründe sind dabei sehr verschieden und auch ihre Absichten sowie die Methoden ihrer Bekämpfung oder Erlösung variieren stark.

Woher stammt der Glaube rund um die Wiedergänger und wo ist die Grenze zwischen Realität (dem, was eventuell möglich ist oder vorgefallen ist) und Fiktion (also reinem Wunschdenken, Aberglauben oder Horror-Vorstellungen)?

In diesem Buch gehen die Autoren näher auf den Mythos ein und beleuchten verschiedene Aspekte der Rückkehr aus dem Reich der Toten …

Teil 1

Untote – Wiedergänger – Nachzehrer – Vampire

1

---

1 Foto: © malsawm, Pixabay

Was sind Untote?

Den Begriff **Untote** kann man für alle Wesen verwenden (im Aberglauben und in fiktiven Geschichten), die auch nach dem körperlichen Tod weiterhin in ihrer Gestalt aus Fleisch und Blut unter den Lebenden wandeln. Diese Untoten sind auf der ganzen Welt bekannt. Sie tragen allerdings in den verschiedenen Kulturen unterschiedliche Namen.

Thematisiert sind die Untoten unter anderem in der bekannten Geschichte um **Frankensteins Monster**, aber auch dem unsterblichen **Dracula** oder in der Geschichte „Friedhof der Kuscheltiere" von Stephen King. Hier kehren die auf einem alten Indianerfriedhof beerdigten Menschen und Tiere wieder zurück – körperlich, aber seelenlos und böse.

Und es geht die Sage, dass der Magier und Universalgelehrte Heinrich Cornelius, genannt Agrippa von Nettesheim, eine Leiche wiederbelebt hätte, die dann einige Zeit als Untoter umherging, bevor sie vor Zeugen tot umfiel. Mit der Wiederbelebung von Toten kannte er sich aus, Informationen darüber hat er in seinen „Magischen Werken" (Kapitel 58: Von der Wiederbelebung der Toten sowie dem ungewöhnlich langen Schlafen und Hungern) niedergeschrieben.

Auch die im Horrorgenre beliebten **Zombies** gehören zu den Untoten. Diese entstammen allerdings dem äußert realen Szenario der Voodoo-Religion. Auf das Phänomen der Zombies gehen wir später noch separat ein. Daneben gibt es beispielsweise noch die sogenannten „Aufhocker", die sich an die Lebenden hängen („aufhocken") und sich so lange tragen lassen, bis diese vor Erschöpfung tot umfallen.

Untote in vorchristlicher Zeit

Der Glaube an die Untoten oder Wiedergänger, die aus den Gräbern zurückkehren, ist nicht auf einen bestimmten christlichen oder heidnischen Aberglauben oder eine bestimmte Kultur beschränkt. Schon lange bevor unsere Vorzeige-Untoten wie Dracula oder die Zombies auf der Bildfläche auftauchten, gab es diese gefährlichen Wesen, beispielsweise in Skandinavien oder Schweden, wie die beiden folgenden Formen der Wiedergänger zeigen.

Draugr

In Skandinavien wird diesen Wiedergängern nachgesagt, dass sie in ihren Grabhügeln wohnen, wo sie weiterleben. Sie tauchen in vielen Volksüberlieferungen und Sagen auf, in denen ihr Körper nach dem Tod das Aussehen zum Todeszeitpunkt beibehält. Daher erscheinen sie den Lebenden beispielsweise als nasse Wasserleichen (wenn sie ertrunken sind) oder als blutende und von Wunden bedeckte Kämpfer (wenn sie auf dem Schlachtfeld gefallen sind).

Sie werden eindeutig als körperlich beschrieben, es handelt sich dabei also nicht um die Seelen der Verstorbenen, sondern tatsächlich um ihre Körper. Diese sollen mit magischen Kräften und Fähigkeiten ausgestattet sein. Sie sind ungewöhnlich stark, können in die Zukunft sehen oder sich in Tiere verwandeln.

Wer sich mit Magie auskennt, kann diese Toten (skandinavisch „Draugr") auch beschwören und zu seinen Zwecken einsetzen. Normalerweise halten sie sich rund um ihren Grabhügel auf, doch manchmal können sie auch an ganz anderen Orten erscheinen. Sie sollen sogar nachts in die Dörfer kommen, um die Bevölkerung zu erschrecken.

Um sie loszuwerden, muss man ihnen den Kopf abschlagen, ihn dann zu ihrem Allerwertesten legen und den kompletten Körper anschließend verbrennen. Denn nur ein Feuer, aber keine normale Waffe, kann einen Untoten endgültig vernichten. Die Skandinavier griffen dennoch zum Schutz vor diesen Wiedergängern auch zu Abwehrzaubern, die in Form von Runeninschriften auf Amuletten heute noch erhalten sind.

Wolfgang Golther, Ord. Professor an der Universität Rostock hat 1895 in seinem „Handbuch der Germanischen Mythologie" bereits auf diese Gespenster in menschlicher Gestalt hingewiesen. Die „Draugen" (draugaz, draugr, draug) spuken normalerweise „in eigener Sache“, wie er sagt. Sie können aber durch einen Zauber „aufgeweckt“ und „Andern zum Schaden zugesandt werden.“ Es ist die Aufgabe der Lebenden, diese Spukgestalten zur Ruhe zu bringen.

Dabei spuken diese bösartigen Wesen meistens ohne besonderen Grund. Es gibt aber auch Sagen und Berichte, die bestimmte Gründe für ihre Rückkehr nennen: beispielsweise Rachsucht, ungesühnte Schuld oder Sehnsucht und Liebe können Auslöser dafür sein, dass sie von ihren Totenhügeln in die Wohnstätten der Lebenden zurückkehren.

Durch das Köpfen und Verbrennen der Wesen werden sie vernichtet und ihre Seele verschwindet samt Rauch und Asche im Wind. Wenn der Spuk trotzdem weitergeht, ist guter Rat teuer. Denn dann ist der Geist nicht mehr körperlich, sondern eine überirdische Spukgestalt. Diese Seele gehört bei den alten Religionen in ein Totenreich oder eine Schattenwelt, wie beispielsweise Hades oder Hel. Die Germanen glaubten auch, dass ihre Toten im Inneren der Berge lebten.

Myling

Der schwedische Wiedergänger Myling holte sich der Sage nach die neugeborenen und ungetauften Kinder. Wenn Mütter unerwünschte Kinder zur Welt brachten, töteten und versteckten sie diese oft im Moor oder Kompost/Güllegrube oder vergruben sie unter dem Holzboden ihrer Hütte.

An diesen Stellen hörte man die Schreie der toten Kinder. Um diese Kinder zu retten, konnte man sich auf die Suche nach der Leiche begeben, um sie zu bergen und dann auf dem Friedhof in geweihter Erde zu begraben. Andere sagen, die Kinder würden um Hilfe rufen und um einen Namen bitten. Um sie zu retten, kann man ihnen dann antworten: *„Du kannst meinen Namen haben, ich heiße …“*

Wiedergänger

Der Begriff „Untoter“ ist weit gespannt und relativ allgemein gehalten. Spezifischer wird es, wenn man sich die unterschiedlichen Arten der Wiedergänger anschaut. Bei diesen impliziert bereits der Name, dass es sich um jemanden handelt, der zurückkommt. Dabei kommen allerdings nicht alle Toten aus ihren Gräbern heraus. Manche verschrecken die Friedhofbesucher auch nur durch die seltsamen Geräusche, die aus ihren Särgen nach außen dringen ...

Schmatzende Tote im Mittelalter

Wie Michael Ranft 1725 in seiner Dissertation „Tractat von dem Kauen und Schmatzen der Todten in Gräbern" berichtet, war der Glaube an Tote, die in ihren Gräbern hausen und dort schmatzende und andere Geräusche von sich gaben, durchaus geläufig. In seiner Abhandlung sucht er den Zusammenhang zwischen den Pesttoten, dem Glauben, dass die Toten in den Gräbern ihre Totenhemden essen und auch dem Glauben an Vampire. Hierbei geht er auf die damaligen bekannten Berichte aus Polen oder Ungarn ein.

Demnach sei im Juli 1725 ein Fall bekannt geworden, bei dem ein Verstorbener namens Peter Plogojowitz ungefähr 10 Wochen nach seinem Tod mehreren Menschen im Schlaf erschienen sei, sich auf sie gelegt und gewürgt hätte. Innerhalb von 8 Tagen soll er 9 Personen auf diese Weise umgebracht haben.

Um der Sache auf den Grund zu gehen, wurde die Öffnung des Grabes angeordnet und der Leichnam des Mannes dort im besten Zustand vorgefunden. Er verströmte angeblich keinerlei Verwesungsgeruch, Haare, Bart und Nägel waren gewachsen, die alte Haut war abgefallen und neue, schöne Haut hatte sich gebildet und in seinem Mund hatte sich frisches Blut befunden. Blut, das er seinen Opfern ausgesaugt haben musste!

Dazu sammelt der Autor seltsame Begebenheiten, bei denen Friedhofbesucher merkwürdige Geräusche aus den Gräbern vernommen hatten und Totengräber unerklärliche Erlebnisse mit Knochen hatten, die Rauch von sich gaben und Gestank absonderten.

Auch wenn Ranft diese Geschichten erzählt, hält er dennoch die Berichte der meist weiblichen Friedhofbesucher nicht für glaubwürdig, sondern für eine abergläubische Fehlinterpretation irgendwelcher anderer – natürlicher – Geräusche.

Nichtsdestotrotz war hier die Brücke geschlagen zwischen schmatzenden Toten, die ihre Hemden fraßen und Toten, die zurückkehrten, um die Lebenden zu töten, auszusaugen und so in ihren Gräbern unverwest ruhen konnten bis zum nächsten Ausflug und Blutsaugen. Diese körperlichen Anzeichen der Leichen galten von da an auch als Hinweis auf Vampire.

Wie interpretierte man die Wiedergänger?

Wiedergänger ist nur einer von vielen Namen, den man früher den „lebenden Toten" gegeben hat. Die Menschen gingen davon aus, dass die Verstorbenen in ihren Gräbern weiterlebten, jedoch immer wieder aus dem Grab herauskommen, weil sie so sehr am Leben hängen. Daher konnten sie sowohl unterirdische Geräusche aus dem Grab von sich geben, wenn sie schmatzten und ächzten und nach den Lebenden riefen, als auch aus dem Grab herauskommen, um ihre Angehörigen oder beliebige andere Personen zu drangsalieren.

Erst später kam die Idee dazu, dass der umherwandelnde Leichnam den Lebenden das Blut aussaugt, um deren Leben in sich aufzunehmen. Anzeichen dafür war der unverweste Körper, den man in den Gräbern der Betroffenen bei einer Exhumierung vorfand. Daraus entstand in der Folge der Vampirglaube beziehungsweise die Bezeichnung „Vampir", wie Michael Ranft in seinem Traktat feststellte.

Dabei war der Glaube an die Wiedergänger zwar häufig in slawischen Regionen präsent, aber auch bei den Germanen, Isländern oder

Angelsachsen sowie in vielen weiteren Gebieten. Dazu kommt, dass der Glaube nicht nur bei den sogenannten „Heiden“ verbreitet war, sondern auch bei den Christen des Frühmittelalters. Nur die Bezeichnungen für die Wiedergänger waren unterschiedlich.

Nicht alle müssen ihr Grab verlassen, um anderen zu schaden

Allerdings geht es in den Überlieferungen nicht immer darum, dass diese Wesen den Lebenden das Blut (den „Lebenssaft“) aussaugen, wie der typische Vampir. Es wird eher berichtet, dass beispielsweise die Nachzehrer ihre Verwandten oder Nachbarn würgen oder schwächen, bevorzugt durch eine Art telepathische Verbindung oder indem sie ihre Opfer durch den offenstehenden Mund zu sich rufen.

Der reine Nachzehrer, der telepathisch arbeitet, steigt daher nicht notwendigerweise aus seinem Grab, sondern bleibt darin und knabbert an seinem Leichenhemd. Dabei kann er aber durchaus auch lärmen und poltern. Manchmal kaut er sich auch einfach die Arme ab. Und währenddessen starben seine auserwählten Opfer an einer Seuche oder an der Auszehrung. Wer aufgrund des Eingreifens eines solchen Nachzehrers starb, wurde anschließend selbst zum Untoten.

Es wird allerdings auch berichtet, dass die Nachzehrer auf dem Friedhof umhergehen. Bei der Graböffnung findet man den Nachzehrer für gewöhnlich mit offenen Augen und offenem Mund, roten Lippen sowie einem weichen Körper, also ohne Leichenstarre.

Verdächtige Tote oder gefährliche Leichen mussten vernichtet werden

Und überall wurde natürlich versucht, diese gefährlichen Wesen endgültig unschädlich zu machen, ihnen also quasi zu einem zweiten Tod zu verhelfen. Auch das geschah auf unterschiedliche Weise.

Beispielsweise wurden die Toten im Vorfeld mit dem Gesicht nach unten bestattet, wie einige Funde im Rheinland belegen. Durch diese Lagerung war sichergestellt, dass der Mund verschlossen blieb und die Seele nicht dadurch entweichen konnte. Und somit konnte der Tote auch nicht zu einem Wiedergänger werden.

Außerdem wurde strikt darauf geachtet, dass Mund und Augen geschlossen blieben, damit der Tote keinen Kontakt zu den Lebenden aufnehmen oder diese rufen konnte. Auch durfte sich kein Leichentuch in der Nähe des Mundes befinden, um das Knabbern zu verhindern.

Es kam sogar zu Fesselungen, bei denen den Leichen zum Beispiel mit einem Rosenkranz die Handgelenke zusammengebunden wurden. Der Aberglaube bestimmte auch, dass der Tote mithilfe von Metallgegenständen auf der Brust gebannt werden konnte. Also legte man der Leiche einfach Nägel oder Messer auf die Brust.

Ein weiterer interessanter Aberglaube besagte, dass der Untote mit Kieselsteinen begraben werden musste, die er erst zu zählen hatte, bevor er Schaden anrichten konnte. Das Problem dabei war für den Toten allerdings, dass er die heilige Zahl Drei nicht aussprechen konnte (wegen der heiligen Dreifaltigkeit) und daher immer nur bis zwei zählen konnte.

Sollte trotz der Vorsichtsmaßnahmen irgendwo ein Mensch Symptome eines Nachzehrer-Angriffs aufweisen, wurde das Grab geöffnet und der Tote gepfählt. Oder man schnitt ihm den Kopf ab und legte ihn zwischen seine Beine. Auch das Herausschneiden des Herzens war eine angeblich sichere Möglichkeit, weiteren Schaden abzuwenden.

Hier waren die verschiedenen Dörfer oder Regionen kreativ. Oft kam es auch zu Beerdigungen, bei denen den Toten ein Stein oder auch Münzen in den Mund gelegt wurden, um „außergrabliche“ Schadensaktivitäten zu verhindern. Große und schwere Steine oder Steinplatten kamen allerdings auch auf anderen Körperteilen zum Einsatz. Damit wurden die Toten auf der Brust oder auf dem Kopf beschwert, um sie am Verlassen des Grabes zu hindern.

Derselbe Effekt wird auch von späteren Funden berichtet, bei denen die Kleidung der Toten, aber auch Hände und Füße mithilfe von Nägeln am Sargboden fixiert worden waren.

Es gibt eine Vielzahl überlieferter Methoden, eine regelrechte Sammlung von Anleitungen, die Bannrituale und Abwehrmaßnahmen beschreiben, um die Wiedergänger und Vampire im Sarg zu halten. Beispielsweise, indem man ihnen Mund und Nase mit Wachs verschloss.

Arten der Wiedergänger

Grundsätzlich bezeichnete man zunächst nur die Toten als **Wiedergänger**, die falsch bestattet worden waren. Falsch in dem Sinne, dass irgendwelche notwendigen Riten nicht eingehalten oder falsch vollzogen worden waren. Beispielsweise, wenn Grabbeigaben fehlten. Dann kehrte der Tote zurück, um die Lebenden dafür zu bestrafen. Der Wiedergänger an sich ist also eine arme, falsch behandelte Seele, die man erlösen kann. Anders als die bösartigen Nachzehrer.

Charakterlich bösartig veranlagte Menschen brauchten keinen solchen Grund. Sie kehrten einfach zurück, um andere zu quälen, weil sie böse waren. Zu diesen Menschen zählten beispielsweise Mörder (auch Selbstmörder), Räuber, hingerichtete Verbrecher, die man nicht korrekt beerdigt hatte, Frauen, die im Kindbett verstorben waren oder sogar totgeborene und ungetaufte Kinder.

Den **Nachzehrer** hatten wir bereits angesprochen. Er knabbert im Sarg an seinem Totenhemd oder Leichentuch und auch an anderen Gegenständen, die man mit ihm bestattet hat und die zu nahe an seinem Mund liegen. In dem Fall kaut er an den Blumen oder Schleifen und ruft seine Angehörigen in den Tod. Friedhofsbesucher berichten oft davon, die Toten angeblich schmatzen zu hören.

Neuntöter und Doppelsauger sind Varianten des Nachzehrers. Sie betreffen tote Kinder. Bei den jung verstorbenen Neuntötern handelt es sich um Kinder, die mit einer doppelten Zahnreihe zur Welt gekommen sind. Sie sterben bald und holen ihre Angehörigen nach. Oft wurden sie für die Pest verantwortlich gemacht. Ohnehin waren alle Arten von Wiedergängern praktisch, um die vielen Toten bei Hungersnöten, Seuchen oder Epidemien zu erklären.

Die Doppelsauger sind ebenfalls Kinder, die man nach ihrer Entwöhnung von der Mutterbrust innerhalb eines Tages nochmals angelegt hat. Die Doppelsauger saugen sich selbst die Brust aus im Grab, nagen am eigenen Fleisch und Gewand und holen ihre Verwandten bald nach. Oder im Dorf bricht eine Epidemie mit vielen Todesopfern aus.

Die **Vampire** sind die Wiedergänger, die nachts körperlich ihre Särge und Gräber verlassen und dann den Lebenden ihren Lebenssaft aussaugen. Alte Berichte von Anfang der 1730er Jahre erwähnen hauptsächlich Vampire in den Balkanstaaten. Die Vampire liegen unverwest im Grab und sind voll beweglich, manchmal ist das linke Auge geöffnet, was ein untrügliches Zeichen für einen Vampir sein soll, und manche männlichen Vampirleichen haben eine Erektion.

Durch das Aussaugen anderer Menschen macht der Vampir diese ebenfalls zum Vampir. Wer also die Vampire ausrotten wollte, musste nicht nur den Auslöser vernichten, sondern auch alle Opfer endgültig töten. Bevorzugt gelang das durch Pfählen oder Köpfen.

Unterschied Wiedergänger – Nachzehrer – Blutsauger

Zusammenfassend kann man diese drei Varianten so beschreiben:

- Wiedergänger sind die bösartigen Toten, die sich für irgendein Unrecht rächen wollen. Sie sind schon seit der Antike bekannt.
- Die Nachzehrer sind die schmatzenden und kauenden Leichen, über die Michael Ranft in seiner Dissertation geschrieben hat. Sie kauen an ihren Leichenhemden, verlassen aber ihre Gräber nicht in körperlicher Form, sondern schwächen auf telepathische Weise ihre Opfer (meist Verwandte), um sie „nachzuholen“.

- Der Typ „Blutsauger“ oder „Vampir“ wurde erst nach Bram Stokers Buch „Dracula“ (1897) unter diesem Namen bekannt.

Professor Thomas Bohn von der Justus-Liebig-Universität hat sich intensiv mit diesen Überlieferungen beschäftigt und einen Schwerpunkt auf die Angst vor Wiedergängern im Donau-Balkan-Gebiet gelegt. Über seine Forschungsergebnisse hat er in einem Interview im „Giessener Anzeiger“ vom 29.04.2016 berichtet.

Er führt den Glauben an Vampire nicht auf einen Schwerpunkt in Siebenbürgen (Transsilvanien) oder auf das Balkangebiet zurück. Denn dieser Glaube war genauso in England, Böhmen und Skandinavien bekannt.

Seiner Meinung nach entstand der Vampirglaube eher aufgrund des Übergangs von der Feuerbestattung zur Beerdigung zu Beginn der Christianisierung. Der gute Zustand der Leichen plus das Blut als Lebenssaft waren zusätzliche Punkte, die die Fantasie der damaligen Bevölkerung beflügelte.

Außerdem empfanden sie es als gefährlich, dass ein Leichnam nicht verweste und seine Seele festsaß und nicht in den Himmel eingehen konnte. Diese Problematik war natürlich besonders im Zusammenhang mit der Christianisierung wichtig, andere Kulturen kannten ja keinen „Himmel“. Die daraus entstehenden Ängste drehten sich aber nicht nur um die Sorge, dass die Seele des Toten nicht ins Himmelreich eingehen konnte, sondern stellte auch ein Problem für die Hinterbliebenen dar.

Sobald sich die Todesfälle in einer Region oder einem Dorf häuften, wurde die Schuld bei den Verstorbenen gesucht. Die nicht verwesten Toten mussten daher endgültig vernichtet werden. Dazu wurden die Gräber geöffnet und die Toten gepfählt, um sie im Grab festzuhalten. Wenn das noch nicht half, wurde das Grab erneut geöffnet und der Kopf des Toten abgeschlagen und zwischen die Füße gelegt.

Die sich wandelnde Sicht auf die Wiedergänger

Im Laufe der Zeit hat sich die Sicht auf das Thema nicht nur aus wissenschaftlicher, sondern auch aus religiöser Sicht geändert. Die lebenden Toten waren schon immer von einer Aura des Aberglaubens umgeben, der sich beim Übergang vom Heidentum zum Christentum (oder andernorts zum Judentum und Islam) veränderte.

Wo sie zunächst „nur“ als bösartige Wesen gesehen wurden, die ihre Angehörigen und Freunde in den Tod rissen oder aus dem Grab heraus quälten und piesackten und zudem Seuchen und Epidemien auslösten, wurden sie unter dem späteren religiösen Aspekt mit anderen Augen gesehen.

Schließlich konnten die armen Seelen nicht in den Himmel eingehen, wenn sie noch auf der Erde wandelten, um Buße zu tun. Daher wurden sie häufig auch bemitleidet. Allerdings kehrten einige Tote auch zurück, um hier „ganz normal“ weiterzuleben, was sich ziemlich irritierend anhört.

Es ist aber aus dem Jahr 1575 so überliefert, dass ein österreichischer Müller von den Toten zurückkehrte, um weiterhin mit seiner Ehefrau zusammen zu sein. Dass dies den Lebenden nicht geheuer war, ist kein Wunder. Also gruben sie seine Leiche aus und köpften und verbrannten sie. Auch in Schlesien war es gang und gäbe, die Wiederkehrer auszugraben und zu verbrennen.

Gängige Schutzmaßnahmen gegen diese Untoten

Die „sanften“ christlichen Varianten sahen es vor, eine Messe zu lesen oder Gebete zu sprechen. Falls man einem Wiedergänger begegnete, durfte oder sollte man ihn sogar ansprechen und nach seinen Wünschen fragen, um ihn durch deren Erfüllung dann zu erlösen.

Meist ging es allerdings etwas härter zur Sache. Funde belegen, dass die Körper mit Steinen beschwert oder mit Nägeln durchbohrt waren.

Außerdem waren die Leichen mit dem Kopf nach unten begraben oder hatten Steine und Münzen im Mund.

Weitere Möglichkeiten waren das Pfählen, Köpfen und natürlich Verbrennen. Auch das Abhacken einzelner Glieder oder verschiedene Arten der Fesselung waren als effektiv angesehen. Zudem wurde natürlich auch Magie eingesetzt. Hier konnten Amulette, Holzkreuze, magische Kräuter oder Weihwasser helfen.

Schutzmaßnahmen zeigen sich anhand archäologischer Funde

Wie die Menschen damals versuchten, die Wiedergänger an der Rückkehr zu hindern, zeigen verschiedene archäologische Funde.

Doch einige Archäologen raten auch zur vorsichtigen Deutung. Nicht alles, was man am/im Grab findet, kann zwingend so gedeutet werden, dass es sich bei dem Skelett um einen vermeintlichen Wiedergänger gehandelt hat.

Und anders herum kann man nicht sagen, ob die Skelette vor dem Begräbnis noch einer speziellen Behandlung (magische Rituale, Sprüche, Weihwasserbesprenkelung) unterzogen worden waren.

Doch anhand dieser Funde sieht man selbstverständlich deutlich, welche Toten mit Steinplatten beschwert wurden, manche Gräber wurden auch mit Eisengittern an der Oberfläche gesichert. Um die Toten am Herauskommen zu hindern oder um Leichenfledderer fernzuhalten?

Durch die Funde, die teilweise uralt sind, lässt sich aufgrund der Altersbestimmung der Gräber auch belegen, dass beispielsweise der Glaube an die Wiedergänger schon vor 10.000 Jahren existiert hat. Er ist keine Idee aus dem europäischen Mittelalter, sondern ist auf der ganzen Welt in unterschiedlicher Form präsent.

Funde zeigen:

- Beschwerung der Skelette durch Steine
- Gepfählte Leichen
- durch Nägel an den Sargboden fixierte Leichen.
- Viele Skelette weisen Zerstörungen auf (Schädel) und/oder wurden zerstückelt.
- Abgeschlagene Köpfe, die den Vampiren Einhalt gebieten sollten, und die anschließend zwischen den Beinen oder am Fußende begraben wurden.
- Abgeschlagene Unterschenkel, die am Kopfende platziert wurden – offenbar, um die Toten am Herumwandern zu hindern.
- Aufgerissene Brustkörbe, die anscheinend zeigen, dass man den Leichen das Herz herausgerissen hat.

Die vorsichtige Frage dabei ist nur, ob dies alles im Zusammenhang mit dem Glauben an Wiedergänger steht, oder ob andere Anhaltspunkte (magische, okkulte Rituale, frühe „Satanskulte“ oder auch ganz andere Gründe) zu einem solchen Zustand der Leichen geführt haben?

Aberglaube auch im Kloster?

Archäologen, die diese Funde in Zusammenhang mit dem Glauben an Untote deuten, wurden oder werden noch von ihren andersgläubigen Kollegen belächelt. Besonders interessant ist hier auch die Tatsache, dass solche Skelette sogar in Klostergräbern gefunden wurden. Waren die Mönche etwa damals daran beteiligt, die Leichen zu pfählen, die Schädel zu zerschlagen, das Herz herauszureißen oder sie zu fesseln?

Wie beispielsweise im Benediktinerkloster Harsefeld, wo Archäologe Daniel Nösler Nachforschungen zu einem Skelett eines früheren Abtes angestellt hat. Dessen Leiche, beziehungsweise seine knöchernen Überreste, wurden gefesselt vorgefunden. Man hatte seine Beine mithilfe eines Vorhängeschlosses zusammengebunden.

Griffen also auch die christlichen Mönche in Zeiten der Seuche zu heidnischen Ritualen, um die Untoten in ihren Gräbern zu halten und so die Ausbreitung der Pest und anderer Krankheiten zu verhindern?

Vor den Vampiren kamen die kopflosen Reiter

Der Glaube an Vampire, die sich nachts über schlafende Jungfrauen hermachen, kam erst mit der Geschichte des Grafen Dracula auf. Zuvor waren andere Gestalten wie der **kopflose Reiter** viel präsenter und gefährlicher.

In ganz Europa fürchteten sich die Menschen vor enthaupteten Verbrechern, die zu diesen kopflosen Reitern werden konnten, um nichtsahnenden Menschen in der Dunkelheit zu erscheinen und sie zu Tode zu erschrecken.

Der konkrete Vampirglaube stammt aus Südosteuropa, wo die Vampire „Strigoi“ genannt werden und auch heute noch gefürchtet sind. Sie trinken das Blut ihrer Opfer und entziehen ihnen damit sowohl das Leben als auch die Lebensenergie. Spitze Zähne oder ein Biss in den Hals sind aber im ursprünglichen Vampirglauben nicht enthalten.

Wenn in der **Walachei** ein vermeintlicher Strigoi unschädlich gemacht werden soll, wird der Verstorbene exhumiert, sein Herz herausgerissen und daraus ein magischer Abwehrtrank gebraut. Falls im Vorfeld bekannt ist, dass der Tote ein Strigoi sein könnte, kann man den Toten vorab zur Sicherheit in den Bauchnabel oder ins Herz stechen. Eine Aufgabe, die die Leichenwäscher mit übernehmen.

Vampire

Die Vampire sind unter dieser Bezeichnung die modernsten Wiedergänger, die wir bisher kennengelernt haben. Gerade in Europa war die Vorstellung, nach dem Tod als Vampir zurückzukehren, allgegenwärtig.

Abb. 1: Darstellung der Walachei in den Nürnberger Chroniken, 1493.

Wie konnte man zum Vampir werden?

Die Auslöser für eine Verwandlung zum Vampir waren sehr vielfältig:

- Personen mit ungewöhnlichem Aussehen, wozu es schon genügte, rothaarig zu sein, waren besonders davon betroffen. Aber auch diverse angeborene Behinderungen konnten dazu führen, nach dem Ableben zum Vampir zu werden.

- Bösartige Menschen, wie jede Art von Verbrechern, aber auch unbeliebte Außenseiter, Alkoholiker und Frauen des horizontalen Gewerbes, waren geradezu prädestiniert, zum Vampir zu werden.
- Nicht nur das Aussehen oder bestimmte Eigenschaften konnten ein Auslöser sein, sondern auch verschiedene Taten (Verbrechen) oder sogar Vorkommnisse außerhalb des Einflusses der betroffenen Personen. Beispielsweise konnte ein Toter zum Vampir werden, weil ein Tier zufällig über seinen toten Körper sprang. Aber auch die Tatsache, an einem als „ungünstig" eingestuften Tag zur Welt zu kommen, reichte aus, um später als Vampir herumzugeistern.
- Besonders gefährdet waren auch Personen, die durch andere Menschen verflucht worden waren.
- Und natürlich wurde jeder selbst zum Vampir, der von einem solchen gebissen wurde.
- Dazu kommen Menschen, die auf ungünstige Weise zu Tode gekommen sind. Beispielsweise Ermordete, aber auch Unfallopfer oder Frauen, die im Kindbett verstorben waren.

Im Blickpunkt: die Merkmale der Leichen, die für einen Vampir sprechen

Die besondere Vorstellung rund um diesen Aberglauben verbreitete sich ab dem Jahr 1730 rasch in Europa. Grund dafür waren die vielen Berichte aus dem Balkangebiet, die von Reisenden dorthin mit nach Hause gebracht wurden.

Auch durch Zeitungen und mündliche Erzählungen sowie schriftliche Reiseberichte verbreitete sich der Mythos ziemlich schnell. Daher begannen 1730 im Rahmen der großen „Vampirismusdebatte" Angehörige verschiedener wissenschaftlicher Sparten mit einer Art interdisziplinären Untersuchung dieses Phänomens.

Vor allem interessierten sie sich für die Tatsache, dass die vermeintlichen Vampire unverwest und gut aussehend in den geöffneten

Gräbern vorgefunden wurden. Wie bereits im Kapitel zuvor erwähnt, gab es angeblich sichere Anzeichen dafür, dass es sich bei den Toten um einen Vampir handelt:

- Der Tote war unverwest und gab auch keinen Fäulnisgeruch von sich.
- Er wird als frisch und rosig beschrieben und sogar fettleibig statt ausgezehrt und eingefallen.
- Nägel und Haare, aber auch frische Haut schienen nach dem Tod weitergewachsen zu sein.
- Auch frisches Blut soll ihm aus Mund, Nase und sogar den Augen austreten.
- Außerdem gab die Leiche seufzende Töne oder auch Schreie von sich, wenn sie gepfählt wurde.

Auch damals hatte die Wissenschaft bereits eine Erklärung dafür

Weniger abergläubische Wissenschaftler vermuteten jedoch bereits damals, dass der Grund für diese Eigenschaften im ganz natürlichen Verwesungsprozess zu finden war. Denn durch die Gase, die sich während des Verwesens und Verfaulens im Körper bilden, wirkte der Tote aufgetrieben, auch wenn er zuvor stark abgemagert gewesen war.

Sogar die Erklärung des Blutes wurde nur darauf zurückgeführt, dass sich in der Brusthöhle Fäulnisflüssigkeit bildet, die aufgrund des Verwesungsgases aus den Körperöffnungen gepresst wurde und dabei mit dem angeblich frischen Blut verwechselt wurde. Beim Pfählen einer solchen aufgetriebenen Leiche entwich selbstverständlich das Gas und führte zu den seltsamen Tönen, die vermeintlich als Schreie oder Töne interpretiert wurden.

Auch für die frische rosige Haut und die nachgewachsenen Haare und Nägel fand sich eine plausible Erklärung: Ein toter Körper trocknet aus, woraufhin die Haut einsinkt und der Eindruck entstehen kann, dass die Nägel und Haare länger sind als zuvor. Außerdem löst sich ungefähr ab der zweiten Woche auch die Haut ab und legt die unteren Hautschichten frei, die im Vergleich rosig und neu wirken.

Die Verbreitung des Mythos

Dadurch, dass die Vampire aus der bodenständigen Vorstellungswelt abergläubischer Dörfler aus dem Balkan nach Europa herüberschwappte und von der breiten Masse begierig und mit Interesse zur Kenntnis genommen wurde, veränderte sich der Mythos und auch die eigentliche Figur des Vampirs.

Die Schriftsteller taten ihr Übriges dazu, die Vampirfigur um die Jahrhundertwende attraktiver für ihre Leserschaft zu gestalten. Und so wurde der Wiedergänger und Nachzehrer, der in den meisten Fällen aus dem Grab heraus operierte, von einem bösen und nach dem Blut der Lebenden lechzenden Monster (das übrigens meist weiblich war!!!) plötzlich zu einem männlichen Gentleman von Adelsstand (ganz nach dem Vorbild des Grafen Dracula), der mit seiner vornehmen Blässe und seinem guten Aussehen die Damenwelt becircen konnte.

So wurde der männliche Vampir plötzlich gleichzeitig furchteinflößend als auch attraktiv oder gar begehrenswert.

Merkmale und Eigenschaften eines Vampirs

Das klassische Äußere des Vampirs wurde zunehmend wie folgt festgelegt:

- Blass
- dunkle Haare
- funkelnde Augen
- Weiße, herausragende Zähne
- rote Lippen
- Stand und Kleidung eines Edelmannes
- Eiskalte Hände
- Spitze Fingernägel

- schwarze Kleidung

Dazu kamen seine Eigenschaften und sein Verhalten:

- Vampire sind unsterblich (außer, wenn man sie köpft, pfählt oder verbrennt)
- Sie haben übermenschliche Kräfte
- Sie werfen keine Schatten
- Sie haben kein Spiegelbild
- Tagsüber schlafen sie im Sarg
- Sie können sich in Tiere (Fledermäuse) oder auch Nebel verwandeln
- Sie können Wind und Wetter beeinflussen
- Sie können Menschen telepathisch beeinflussen

Trotz dieser Fähigkeiten ist der Vampir aber nicht allmächtig und darin liegen auch die Möglichkeiten der abergläubischen Bevölkerung, den Vampir zurückzudrängen oder abzuwehren. Denn der Vampir kann kein fließendes Wasser überqueren und flüchtet vor Knoblauch, Weihwasser, Hostien, Kruzifixen und Rosenkränzen. Außerdem kann er das Haus seiner Opfer nicht einfach so betreten, er muss explizit hereingebeten („eingeladen“) werden.

Auswirkungen des Vampirglaubens

Parallel zueinander existierten also nicht nur der alte Aberglaube sowie die fiktiven und romantisch ausgeschmückten Vampire aus der Feder diverser Schriftsteller, sondern auch die nüchternen Erklärungen der Wissenschaftler über die wahren Hintergründe der vampirähnlichen Eigenschaften der Leichen.

Gruselgeschichten über Vampire boomen

Denn Schauerromane über Vampire gab es bereits, bevor Bram Stoker 1897 seinen „Dracula“ veröffentlichte. Immerhin lebte der „echte“ Dracula, also die Inspiration für die Figur, bereits im 15. Jahrhundert in der Walachei, wo er als Fürst Vlad III. Draculea von 1448 bis 1476 auf dem Schloss in Poienari regierte.

Die heutige Ruine liegt ungefähr 250 Kilometer von Brasov entfernt. Häufig wird dem Grafen das Schloss Bran, die ehemalige Zoll- und Grenzburg aus dem 14. Jahrhundert als Wohnsitz zugeschrieben. Sie gilt mittlerweile offiziell als Draculas Schloss, obwohl Historikern keine Beweise dafür vorliegen, dass der blutrünstige Graf die Burg jemals betreten hat.

Vlad III. saugte übrigens seine Opfer nicht aus, sondern spießte sie auf Holzpfähle auf, wodurch er zu seinem Beinamen „Tepes“ („Pfähler“) kam. Mehr zu Vlad und Dracula im nächsten Kapitel.

Unangenehme Nebenwirkung: vermehrte Grabschändung

Da der Aberglaube nicht zu stoppen war, entwickelte sich eine bedenkliche Problematik: die Grabschändung. Denn immer mehr Gräber wurden geöffnet, um die vermeintlich darin begrabenen Vampire erneut und endgültig zu töten. Die Leichen wurde herausgeholt, gepfählt, geköpft, verbrannt oder Ähnliches.

Diese Art der Totenruhestörung und Leichenfledderei führte beispielsweise in den 1870er Jahren zu einer ganzen Reihe von Prozessen in Preußen, bei denen die Verursacher schuldig gesprochen wurden. Viele Urteile wurden jedoch wieder aufgehoben, weil die Taten nicht aus böser Absicht, sondern aufgrund des Aberglaubens begangen worden waren.

Diese Diskrepanz wurde, so berichtet der Historiker Prof. Dr. Thomas M. Bohn in seinem „Vampirismus in Österreich und Preußen“ von Oberstaatsanwalt Otto Steiner als deutlicher Mangel an der preußischen Gesetzgebung festgestellt und versucht aufzulösen. Dabei betonte er *„Der Vampir dringt über die Ostgrenze in Preußen ein“*.

Der Fall des Soldaten Arnold Paul

Über diesen Fall berichtet Constantin Rauer in seiner Arbeit „Von der Aufklärung des Vampirismus zum Vampirismus der Aufklärung: eine west-östliche Debatte zwischen einst und heute" Folgendes:

Der Name Vampir war zu dem Zeitpunkt bereits in Verwendung, da er erstmals im Rahmen von Berichten über serbische Wiedergänger aus den Nachrichten vom Januar 1732 aufgetaucht waren. Der berühmteste Fall der damaligen Zeit war der des Soldaten „Arnold Paul", der sich darüber beschwerte, von einem türkischen Vampir gequält zu werden.

Er versuchte, diesen Vampir dadurch loszuwerden, dass er Erde aus den Gräbern vermeintlicher Vampire aß. Doch das half nichts. Schließlich starb er bei einem Unfall und verwandelte sich selbst in einen Vampir. Er wurde beerdigt und 40 Tage später exhumiert. Dabei entdeckte man angeblich, dass immer noch Blut in seinen Adern floss und so pfählte man ihn. Dabei stieß er einen fürchterlichen Schrei aus.

Angeblich existierten weitere solcher Berichte, von denen einige gut erhalten und dokumentiert sind, da die Ärzte der Kaiserlichen Österreichischen Armee bei der Exhumierung dabei waren ...

Auch Prof. Dr. Thomas M. Bohn geht in „Vampirismus in Österreich und Preußen" auf diesen Fall ein. Er bemängelt die spärlichen Fakten, die darüber vorliegen und erwähnt, dass der Albane („Arnaut") Pavle in den alten Quellen auch als Arnont Paule oder Arnod Paole auftaucht und später zu „Arnold Paul" wurde. Er gibt an, dass dieser Mann auf seiner Flucht vor den Osmanen von Vampiren verfolgt wurde und letztlich durch einen Fall von einem Heuwagen starb.

Der Aberglaube der Haiduken

Damals befanden sich die serbischen Haiduken (die Hirtenkrieger) zwischen den Fronten der osmanischen und habsburgischen Heere.

Ein Regimentsfeldscher berichtete über den Verband der Räuberbanden und ihr Verhalten im Rahmen einer seltsamen Seuche.

Denn im Haidukendorf Medvegya fürchteten sich die Einwohner so sehr vor Krankheitsdämonen, dass sie die Verursacher – die Vampire oder unverwesten Leichen – aus ihren Gräbern holten, um sie zu verbrennen oder zu pfählen. Auch ein Albaner namens Pavle soll über seine Flucht aus dem Kosovo berichtet haben, dass er dabei von Vampiren verfolgt worden war.

Die Haiduken zählten alle Außenseiter zu potenziellen Opfern und späteren neuen Wiedergängern, die sowohl die Menschen im Dorf als auch das Vieh bedrohten. Für die Preußen waren diese Wiedergänger jedoch offenbar ungefährlich.

Vielmehr stellten Spezialisten fest, dass es sich nicht um die Taten von Wiedergängern oder Vampiren handelte, sondern dass die grassierende Seuche, um die es in Wirklichkeit ging, eine Art Nervenleiden in Verbindung mit Fieber war. Dass die Leichen kaum oder gar nicht verwesten, hatte keine übernatürlichen Hintergründe, sondern war auf die besonderen Klimabedingungen vor Ort zurückzuführen.

Die Ereignisse rund um die Entstehung und wahren Hintergründe der Vampire wurden auch von den Wissenschaftlern der damaligen Zeit in ihren Werken niedergeschrieben. Darunter beispielsweise

- Der Aufsatz von Gábor Klaniczay „Der Niedergang der Hexen und der Aufstieg der Vampire im Habsburgerreich des achtzehnten Jahrhunderts."
- „Was von den Vampyren oder Butsaugern zu halten sei" aus dem „Geister- und Zauberkatechismus" von 1783 von Don Ferdinand Sterzinger.

Dies hinderte die abergläubische Bevölkerung allerdings nicht daran, weiterhin an ihrem Glauben an Vampire festzuhalten.

Abb. 2: Harambaša, hochrangiger Kommandant der Haiduken, aus dem westherzegowinisch-dalmatinischen Grenzraum mit typischer Ausstattung. Bild aus dem 19. Jahrhundert, unbekannter Künstler.

Stellungnahme der Wissenschaftler zum Vampirglauben

Auch wenn die Bevölkerung an ihrem Aberglauben festhielt und mit Ritualen und Pfählungen versuchte, der angeblichen Vampirplage

Herr zu werden, war den aufgeklärten Wissenschaftlern und Forschern bereits klar, dass Vampire gar nicht existierten.

Ferdinand Sterzinger hatte sich eingehend mit der Materie beschäftigt und verschiedene Fälle angeführt. Doch er stellte 1783 kurz und knapp fest, dass der Vampirglaube *„nur allein der verkehrten Einbildung zuzuschreiben gewesen sey"*. Und die einzige Möglichkeit, diese Menschen von ihren falschen Einbildungen zu befreien, war es, die Leichen auszugraben, zu pfählen, zu köpfen und zu verbrennen.

Gábor Klaniczay berichtet in seinem oben genannten Aufsatz beispielsweise, dass es lediglich einige *„obskure Hinweise aus dem Mittelalter"* auf diese Wesen gab und sich daraufhin ab dem 17. Jahrhundert die Berichte plötzlich laufend mehrten. Er legte nach dem Stand seiner Recherchen fest, dass es die ersten „echten" Vampirberichte aus den Jahren 1591 (Schlesien) und 1618 (Böhmen) sowie 1624 (Polen, Nähe Krakau) gab.

Dadurch ließ sich neben dem zeitlichen auch das geografische Auftauchen der Vampirgeschichten genauer bestimmen. Denn in der zweiten Hälfte des 17. Jahrhunderts häuften sich die Berichte vom Balkan, aus Griechenland, Bulgarien, Serbien und Rumänien über verschiedene Vampirvorfälle.

In allen Geschichten waren die Vampire Menschen, die entweder einen schlechten Lebenswandel hatten oder körperliche Missbildungen aufwiesen. Häufig also Ungetaufte oder Selbstmörder und auch behinderte Menschen, die dann entweder in ihrer menschlichen oder einer tierischen Gestalt zurückkehrten, um den Überlebenden Seuchen zu bringen oder sie sowie ihre Tiere zu töten oder alle möglichen anderen Schäden zu verursachen.

Daher grub man die unverwesten Leichen aus und pfählte sie, um dem Spuk endgültig ein Ende zu bereiten. Auch eine Enthauptung oder eine Entfernung des Herzens und ein anschließendes Verbrennen waren üblich, wie wir bereits aus anderen Quellen gehört haben.

Klaniczay untersuchte auch Überlieferungen der Volkskundler, die ebenfalls versuchten, die Entstehung des Vampirs zu erforschen. Er weist darauf hin, dass diese Volkskundler gleich fünf verschiedene Kategorien von Wesen als Ursprung für den Vampirglauben gefunden hatten. Anscheinend hatte sich die Legende vom Vampir aus diesen entwickelt, als die Bevölkerung sie alle zu einem Wesen vermischt hatte.

Darunter waren:

- die Wiedergänger,
- die Nacht-Alps (die Geister, die die Schlafenden nachts heimsuchten),
- die blutsaugenden Stryx (strigae) aus der Antike,
- die slawischen Hexen, die nach ihrem Tod noch Schaden anrichteten
- sowie Werwölfe, also Menschen, die in Tiergestalt Lebende fressen konnten.

Trotz der Entstehung des Mythos auf dem Balkan wurden in der Folge die meisten Fälle des Vampirismus im 18. Jahrhundert aus Ungarn überliefert.

Von dort berichtete 1709 beispielsweise der ungarische Arzt Samuel Köleséri über die **Pest** in Transsilvanien und erwähnte in dem Zusammenhang die Exhumierung und Pfählung der Leichen, die angeblich für den Pestausbruch verantwortlich waren.

Von der ungarisch-polnischen Grenze, genauer: aus Lubló, stammt auch der Bericht des Kaufmanns Kaszparek, der 1718 kurz nach dem Diebstahl des Vermögens seines Kunden verstorben war und darauf aus seinem Grab zurückkehrte. Zum einen, weil er weiterhin mit seiner Frau zusammenbleiben wollte und zum anderen, um die Menschen in Angst und Schrecken zu versetzen. Der Fall ist so genau überliefert, da er von den Behörden verfolgt wurde und einige Zeugen zu Wort kamen.

Trotz des Widerstandes der Gattin des Kaufmanns versuchte die Bevölkerung mehrfach, ihn zu verstümmeln, bis man ihn schließlich verbrannte.

Abb. 3: Typisches Erscheinungsbild eines Pestarztes im 17. Jahrhundert. Kolorierter Kupferstich eines Pestdoktors von Paul Fürst, Der Doctor Schnabel von Rom, ca. 1656.

Hexen vs. Vampire oder Theologie vs. Medizin

Klaniczay fragte sich in seiner Arbeit auch, warum diese Handvoll Geschichten über Vampire so viel mehr Aufmerksamkeit erregten, als die Hexenverbrennungen, die gleichzeitig in Deutschland, Österreich und der Schweiz, aber eben auch gerade in Ungarn und Polen stattfanden. Der neue moderne Fall der Vampire schien interessanter und greifbarer zu sein, da gewisse Beweise dafür in Form der nicht verwesenden Leichen vorlagen.

Die Beweise für die Beschuldigung der „Hexen" beruhten oft nur auf den Aussagen irgendwelcher Nachbarn und waren weniger handfest. Außerdem empfand er das Thema „Hexen" mehr der Theologie zugehörig, während die blutsaugenden Vampire mit dem damals häufig praktizierten Aderlass oder auch Schröpfen und somit dem Gebiet der Medizin in Zusammenhang zu stehen schienen.

Dabei brachte er auch einen weiteren interessanten Gedanken auf, der in der heutigen Zeit keine Rolle mehr für uns spielt: Damals gruben Ärzte heimlich nachts die frischen Leichen auf dem Friedhof aus, um an ihnen zu experimentieren und sie zu sezieren (wir denken hierbei auch an Frankenstein). Wer also ein unheimliches Treiben oder seltsame Geräusche vom Friedhof hörte und morgens ein leeres Grab vorfand, erklärte es sich damit, dass der Verstorbene es verlassen hatte.

Vielleicht ahmten sie auch das Zerstückeln, das sie unter Umständen beobachteten und sich nicht erklären konnten, nach, mutmaßt Klaniczay. Und weiter stellt er fest, dass die Angehörigen ihre Lieben durch das eigene Exhumieren und Verbrennen unbewusst davor schützten, dass diese später von Ärzten gestohlen und für medizinische oder pseudo-medizinische Zwecke missbraucht werden konnten.

Die Kirche gerät unter Druck

Der Streit zwischen Kirche und Medizin ging allerdings noch tiefer. Denn die Kirche, aber auch andere Religionen waren sich darüber einig, dass die Toten durch die korrekten Bestattungsriten für das Leben nach dem Tod oder das Leben im Jenseits vorbereitet wurden und unantastbar waren. Doch die Mediziner versicherten den Menschen, dass die Toten keinen Schmerz mehr spürten und hilfreiche Aufschlüsse über die Vorgänge im Körper bieten konnten, die der Wissenschaft und den Heilungsmöglichkeiten dienten.

Also musste noch die Rechtsprechung (in Form des Königs oder Kaisers, in dem Fall die Kaiserin von Österreich und Königin von Ungarn) zwischen den beiden Positionen vermitteln. Die Mediziner erwarteten, dass diese Entscheidung nicht von irgendwelchen religiösen Vorstellungen, sondern von handfesten medizinischen Gutachten und Beweisen abhängig gemacht werden musste.

Die Kirche war verständlicherweise wenig begeistert davon, dass ihr hier nicht mehr die höchste Instanz eingeräumt wurde, sondern dass ein weltliches Gericht diesen Fall entscheiden würde. Außerdem waren sie nicht erfreut darüber, dass Georg Tallar die Krankheitsfälle und Vampirerscheinungen ihnen anlastete, weil die Kirche angeblich schuld daran war, dass die Betroffenen aufgrund der schweren Fastenverbote verstorben waren.

Im Rahmen dieses Streites war es also wichtig, dass die Hexenverfolgung abnahm und das Interesse an den Vampiren zunahm. So konnte der Schwerpunkt verlagert und die medizinische Forschung in den Vordergrund gerückt werden.

Die schockierende Wende war die Legalisierung der Untersuchung der Leichen, die dazu führte, dass die Toten einfach nur als Gegenstand behandelt wurden und nicht als heilige Überreste der Lebenden, die in ihren Gräbern auf das Jüngste Gericht warten durften ...

Dieser Punkt ist auch relevant, wenn es darum geht, die Leichen wiederzubeleben. Damals vielleicht in Form von Mary Shelleys Frankenstein, heute durch die Kryonik, Mensch-Maschinen, Klone oder Ähnliches.

Die Vampirismusdebatte

Nach vielen überlieferten Fällen kam es 1730 zu der großen Vampirismus-Debatte, über die in mehreren wissenschaftlichen Werken ausführlich berichtet wird. Im Rahmen dieser Debatten wurde dann auch der Begriff „Vampir" festgelegt (ungarisch „vámpir").

Bei diesen Debatten ging es heiß her, denn hier lieferten sich Philosophen, Theologen, Mediziner, Psychologen, Historiker und Literaten aber auch Kleriker heiße Wortgefechte. Sie konnten sich nicht über den Auslöser des Vampirismus einig werden und beschuldigten sich mehr oder weniger gegenseitig.

Beispielsweise gaben die Mediziner den Klerikern die Schuld daran. Die Theologen schoben den schwarzen Peter jedoch den Heiden und ihrem Aberglauben in die Schuhe. Die Historiker beriefen sich auf „die Alten", die Literaten erklärten es mit dem Erotismus, die Psychologen beschuldigten einen „magischen Elektrizismus" und die Philosophen gaben die Schuld der verkommenen Politik und deren „ausbeuterischen Verhältnissen".

Ausführliche Forschungen über die Ursache des Vampirismus

Die theoretischen Diskussionen und Schuldzuweisungen der Wissenschaftler und Vertreter der verschiedenen Gebiete wurde schließlich durch Forschungen vor Ort und Berichte über die Ergebnisse unterstützt. Besonders verdient in dieser Feldforschung machten sich die Militärärzte, die in den betroffenen Gebieten auf Anweisung von oben nach dem Rechten schauen mussten.

Georg Tallars Forschungsarbeit

Eine besonders ausführliche 30 Jahre andauernde Forschungsarbeit auf diesem Gebiet absolvierte der Militärarzt Georg Tallar, der seine Ergebnisse in der Abhandlung „Visum Repertum Anatomico-Chirurgicum oder Gründlicher Bericht von den sogenannten Blutsaugern, Vampier, oder in der wallachischen Sprache Moroi, in der Wallachei, Siebenbürgen und Banat, welchne eine eigends dahin abgeordnete Untersuchungskommission der löbl. K. K. Administration im Jahre 1756 erstattet hat.“ (Wien/Leipzig 1784) festhielt.

Tallar befasste sich im Banat, der Kleinen Walachei und in Siebenbürgen nicht nur auf dem Papier mit diesen Fällen, sondern untersuchte vor Ort sowohl die Kranken als auch die nicht verwesten Leichen, beziehungsweise war er als sogenannter „amtlich beauftragter Visitator“ anwesend.

Im Rahmen seiner Forschungen fand er heraus, dass es sich bei dem „Vampirismus“ um Krankheiten handelte, in deren Verlauf es zu Fieber, Blässe, Übelkeit und Verdauungsstörungen kam. Seiner Ansicht nach wurden diese Symptome durch die extremen Fastengebote der orthodoxen Kirche ausgelöst, die während der Winterzeit von dieser vorgeschrieben waren. Einmal erkannt, konnte er die Ursachen erfolgreich wieder heilen. Ganz ohne Leichen zu exhumieren und zu pfählen.

In seinen Aufzeichnungen berichtet er beispielsweise über eine Kranke, die seit 3 Tagen bettlägerig war und über Herz-, Magen- und Darmschmerzen klagte. Sie konnte nachts nicht einschlafen, weil immer sofort der „Moroi“ käme, wenn sie es versuchte. Dieser habe die Gestalt eines verstorbenen Mannes, beim anderen Mal die einer verstorbenen Frau.

Taller gab auch eine Teilschuld der Ernährungssituation der rumänischen Bevölkerung. Denn zu den bevorzugten Speisen gehörten Knoblauch, Zwiebeln, rohes Sauerkraut, Rettich, Rüben und türkisches Fladenbrot sowie fette Suppen und eine Menge Fleisch.

Dazu wurde sehr viel Branntwein getrunken und auch Bieressig verwendet. Durch den Mangel an Salz konnte das Fleisch bei der Zubereitung nicht gewürzt und auch nicht haltbar gemacht werden. Alle Speisen waren daher leicht verderblich und konnten zu allerhand Problemen führen. Darunter auch unruhiger Schlaf in Verbindung mit Alpträumen, die zur (eingebildeten) Sichtung der Vampire führen könnte.

Seiner Meinung nach konnte darin auch der Grund dafür liegen, warum die in Siebenbürgen und im Banat lebenden Ausländer (Mönche und Soldaten aus Deutschland und Österreich), von den Vampiren und der Krankheit verschont blieben – sie ernährten sich ganz anders als die Einheimischen.

Medicus Glaser

In dem Zusammenhang erwähnt der Historiker Peter Mario Kreuter in „Krankheit und Vampirglaube. Ein Beitrag zur Phänomenologie des blutsaugenden Wiedergängers in Südosteuropa“ auch weitere Forschungen anderer Ärzte, die sich auf dieses Gebiet bezogen.

Beispielsweise wurde der Vorfall im Dorf Medvegya näher untersucht, als sich die Heiduken beim Kommandanten der Kaiserlichen Armee über merkwürdige Todesfälle im Dorf beschwerten. Also rückte Medicus Glaser 1731 dort an, um die Sache näher zu prüfen. In seinem Bericht stellte er jedoch fest, dass er jedes Haus untersucht hätte und dort keine einzige ansteckende Krankheit ausfindig machen konnte. Stattdessen hätten die Menschen Brust- und Seitenstechen aufgrund ihrer Völlerei.

Weil die Bevölkerung aber auf dem Vampirglauben beharrte, ließ Glaser 13 Gräber öffnen, um die Toten eingehend zu untersuchen. Er fand jedoch nichts Besonderes, außer, dass die Leichen keine Anzeichen für eine Verwesung zeigten. Um die Dörfler zu beruhigen, veranlasste er eine „Hinrichtung“ der bereits Toten, um zu verhindern, dass die beunruhigte Bevölkerung aus ihren Dörfern floh.

Diese Hinrichtungsaktion fand jedoch nicht statt, weil es den Zuständigen zu weit ging. Stattdessen sendete man 3 Wochen später eine neue Untersuchungskommission unter Leitung von Regimentsfeldscher Johann Flückinger.

Johann Flückinger

Flücker traf im Januar 1732 ein und sorgte mit seinem ausführlichen Bericht dafür, dass der Vampirglaube endgültig in ganz Europa bekannt wurde. Denn sein Bericht ging direkt nach Belgrad und von dort nach Wien, wo er als wichtige Basis für die wissenschaftlichen Diskussionen anderer Forscher über den Vampirismus diente.

Wie sein Vorgänger, nur wesentlich ausführlicher, berichtete er sowohl über die Symptome der Kranken und Toten als auch über die Methoden, die zur endgültigen Vernichtung infrage kamen. Seuchen oder Infektionskrankheiten konnte er bei seinen Untersuchungen der exhumierten Leichen ebenfalls nicht finden.

Er stellte allerdings fest, dass diese tatsächlich keine Verwesungsspuren aufwiesen und in gutem Zustand waren. Bei einigen konnte er nachträglich die korrekte Todesursache notieren, bei anderen leider nicht. Zusammen mit zwei Kollegen untersuchte er akribisch alle Leichen und notierte sehr genau seine Beobachtungen. Dennoch: eine Seuche war nirgends festzustellen.

Der Fall Miliza

Einen wichtigen und interessanten Fall, den Flückinger dabei notiert hatte, griffen auch andere Ärzte und Forscher immer wieder als Präzedenzfall auf. Er wurde auch von Putoneus (das Pseudonym des Leipziger Mediziners Johann Christoph Meinig) in seinem Traktat „Besondere Nachricht von denen Vampyren oder so genanten Blusaugern“ (1732) aufgegriffen.

In diesem Fall ging es um die 60 Jahre alte Miliza, die nach Auskunft der Überlebenden das Fleisch eines Schafes gegessen habe, welches von einem Vampir getötet worden war. Daraufhin sei sie ebenfalls von der Krankheit ergriffen worden und nach einer einem Monat andauernden Krankheit verstorben. Nach 90 Tagen wurde das Grab erneut geöffnet und festgestellt, dass sie immer noch unverwest sei. Sie war demnach selbst zum Vampir geworden und für die Krankheit und Todesfälle weiterer Dörfler verantwortlich.

Putoneus schlussfolgerte daraus, dass die alte Frau sich an einem verseuchten Stück Fleisch eine Krankheit geholt hatte, mit der sie andere Dorfbewohner infizierte. Ihre Angstzustände und Berichte (während der Bettlägerigkeit), dass sie von einem Vampir heimgesucht wurde, waren auf die Fieberträume infolge der Infektion zurückzuführen.

Viele weitere Autoren stimmten seiner These zu und kamen ebenfalls zu dem Schluss, dass eine Viehseuche, die nicht mehr genau bestimmt werden konnte, Auslöser für die Todesfälle gewesen war.

Spätere Schreibtischforschung

Die ungebrochene Faszination der Vampirfälle führte in den 1980er Jahren dazu, dass moderne Mediziner vom Schreibtisch aus versuchten, die Fakten zu ordnen und neue Ergebnisse oder endgültige Lösungen zu finden, um den Vampirglauben abschließend wissenschaftlich erklären zu können.

Allerdings gab es auch dabei wieder keine Einigung, sondern es wurden verschiedene theoretische Lösungen vorgestellt und diskutiert. Darunter kamen beispielsweise die **Porphyrie** (lt. den Amerikanern Lionel Milgrom und David H. Dolphin) und die **Tollwut** (lt. dem spanischen Dermatologen Juan Gomez-Alonso) infrage.

Bei der Porphyrie handelt es sich um eine Stoffwechselerkrankung, bei der der Aufbau des roten Blutfarbstoffs gestört ist. Es gibt sieben unterschiedliche Formen, die mit Bauchschmerzen, neurologischen

Ausfällen, Lichtempfindlichkeit und verschiedenen anderen Problemen einhergehen.

Die Tollwut wird durch den Biss von Tieren übertragen und führt zu einer fast immer tödlich verlaufenden Gehirnentzündung. Wölfe und Fledermäuse gehören beispielsweise zu den klassischen Überträgern dieser Krankheit und erinnern insofern an die Werwölfe und Vampire.

Fazit

Aus heutiger Sicht ist klar, dass es sich bei dem Glauben an die verschiedenen lebenden Toten um einen Aberglauben handelt, der sich mangels besserem Wissen entwickelt hat. Immerhin konnte so die Dorfbevölkerung eine Erklärung für die seltsamen Krankheiten und Seuchen finden, die sie nicht aus medizinischer oder wissenschaftlicher Sicht deuten konnten.

Es ist aber nicht für jeden einzelnen berichteten Fall nachvollziehbar, warum der betroffene Tote verstorben ist. Als Auslöser kommen diverse Krankheiten infrage, auch Tierseuchen und falsche Ernährung. Die Vorstellungen, die die Menschen in ihren Fieberträumen entwickelten, kamen dann noch erschwerend hinzu.

Überlebt hat der Glaube oder auch Aberglaube besonders in modernen Schauermärchen und Horrorfilmen. Was diese meist so attraktiv macht, ist, dass sie sich in einigen Fällen an realen Personen oder Phänomenen orientieren, die für Literatur und Film jedoch ausgeschmückt wurden.

Dazu gehören beispielsweise Graf Dracula oder der Arzt Viktor Frankenstein und sein Monster. Auch die bisher ausgesparten Zombies sind keine reine Erfindung, wie wir später noch sehen werden. Daher widmen wir den historischen Vorlagen dieser Figuren ebenfalls je ein Kapitel.

Teil 2

Der berühmteste Vampir: Graf Dracula

Abb. 4: Porträt von Vlad Tepes, dem Vorbild des Mythos „Dracula".

Die Vorlage für den historischen Graf Dracula: Vlad Tepes

Bram Stoker war nicht der einzige, in dessen Werken ein Vampir aufgetaucht ist. Sein „Dracula“, den er als Grafen konzipiert hatte, beruhte jedoch auf einem realen Vorbild. Ganz im Gegensatz zu den erfundenen Vampiren, die durch die Fantasie der abergläubischen (oder auch, wie wir gesehen haben, kranken) Bevölkerung geisterten.

Vlad III. – der Pfähler

Fürst Vlad III. oder auch Vlad Tepes „der Pfähler“, war der Fürst der Walachei, der dort im 15. Jahrhundert lebte. Sein Ehrenname „Dracul“ (vom rumänischen Draculea = kleiner Drache, aber auch „Teufel“) zeigt eine ganz direkte Verbindung zur fiktiven Figur „Dracula“. Ansonsten hatten die beiden Personen nicht viel gemeinsam. Wobei es schwierig ist, den echten Fürsten genau zu charakterisieren, da es viele unterschiedliche Quellen in verschiedenen Sprachen gibt, die auch noch abweichende Informationen liefern.

Allen gemein ist jedoch die auffällige Gewaltbereitschaft, die dem Fürsten nachgesagt wird. Und die ist auch kaum zu übersehen. Denn seinen Namen „der Pfähler“ hat er dadurch erhalten, dass er die Körper seiner Feinde aufspießte und zur Abschreckung aufstellen ließ. Er soll ihnen dann beim Sterben zugeschaut haben. Angeblich trank er auch das Blut seiner Opfer und zwang Männer dazu, ihre Frauen und Kinder aufzuessen.

Die Grausamkeit des Pfählens soll er sich während seiner Gefangenschaft bei den Osmanen abgeschaut haben. Die ersten, die in den Genuss dieser neuen Hinrichtungsart kamen, waren illoyale Adlige, die er bestrafen wollte. Die nächsten Opfer waren Hunderte gefangengenommene osmanische Soldaten, die er nach einem Angriff auf diese Weise hinrichten ließ. Der Überlieferung nach soll es sich dabei um 20.000 Gepfählte gehandelt haben.

Abb. 5: Pfählung (um 1593), Illustration in dem Buch „de Cruce: ad sacram profanamque historiam utiles" von Justus Lipsius.

Angeblich soll Vlad Ende des Jahres 1476 geköpft worden sein, doch seine Leiche (oder auch sein Skelett) ist verschollen. Zwar gibt es ein Grab in Snagov, in dem er begraben liegen soll, doch bei der Öffnung des Grabes im Jahr 1931 fanden sich darin keinerlei sterbliche Überreste. Dies regt natürlich die Fantasie der abergläubischen Menschen an. Ist der Fürst aus seinem Grab geflohen und treibt sich auch heute noch als unsterblicher Vampir herum?

Held oder Tyrann?

In der Walachei gilt Vlad als Nationalheld, während ihn andere eher als gefährlichen und sadistischen Tyrannen ansahen. Dies dürfte wohl hauptsächlich die Ansicht seiner Feinde gewesen sein.

Um dem wahren Fürsten historisch näherzukommen, fand sogar im Jahr 2014 eine internationale Konferenz an der Justus-Liebig-Universität Gießen statt, die sich dem Thema „Vlad Dracula – Tyrann oder Volkstribun? Historische Reizfiguren im Donau-Balkan-Raum“ widmete. Davon berichten der Historiker Thomas M. Bohn und seine Kollegen Rayk Einax und Stefan Rohdewald in ihrem Beitrag „Vlad ‚der Pfähler‘ als historische Reizfigur“ aus dem Buch „Vlad der Pfähler – Dracula. Tyrann oder Volkstribun?“

Immerhin war Vlad der Pfähler einer der berühmten Gründerväter und Heerführer der Rumänen nach Stefan dem Großen (etwa 1433 – 1504) und Michael dem Tapferen (1558 – 1601). Die ersten wichtigen Biografien dieses Mannes idealisierten den Pfähler, wie man es in Zeiten des Nationalkommunismus beinahe erwartete. Und in der Folge beschäftigten sich hauptsächlich Journalisten oder Autoren mit dem Thema, jedoch keine Historiker.

Die etwas undurchsichtige Quellenlage, die „vorgegebenen“ Ansichten der Autoren und die spätere Legendenbildung um seine Person, machten es schwierig, ein echtes Bild dieses Fürsten zu erhalten. Und der Mythos wurde durch die literarische Aufbereitung zum blutdürstigen Vampir durch Bram Stoker noch weiter ausgebaut.

Die Legende bringt viele Touristen nach Rumänien

Auf jeden Fall sorgte er aber dafür, dass die Walachei beziehungsweise Siebenbürgen zu einem neuen Touristen-Hot-Spot wurde, der die Leute in Scharen dazu brachte, die Burg des Fürsten zu besuchen und sich auf dem Weg dahin oder auch in der Umgebung sanft zu gruseln.

Der deutsche Name „Siebenbürgen“ bezieht sich auf die dort vorhandenen 7 Burgen in Bistrita, Brasov, Cluj Napoca, Medias, Sebes, Sibiu und Sighisoara (Bistritz, Kronstadt, Klausenburg, Mediasch, Mühlbach, Hermannstadt, Schäßburg). Hauptattraktion ist Schloss Bran, das rund 30 Kilometer von Brasov (Kronstadt) entfernt liegt.

Hier soll der grausame Fürst gelebt haben. Beweise dafür gibt es allerdings nicht. Und andere behaupten, dass Burg Poenari die „echte“ Burg des Fürsten sei. Für Touristen sind alle Burgen in dieser schönen Landschaft ein interessantes Ausflugsziel, auch wenn unklar ist, wo (und ob überhaupt) sich der Fürst aufgehalten hat.

Abb. 6: Schloss Bran, Törzburg, Rumänien. (© Bluebird 666, Pixabay)

Einige Fakten über Vlad III. Drăculea

Wie bereits erwähnt, gibt es ganz unterschiedliche Quellen, sodass die vermeintlichen Fakten nicht ganz gesichert sind und eher Theorien darstellen. Vlad III. soll um das Jahr 1431 in Schäßburg (Sighisoara) zur Welt gekommen sein.

Seine Familie

Sicher ist, dass er der Sohn von Vlad II. war, dem er namentlich folgte und der ihm bereits im zarten Alter von 5 Jahren zur Aufnahme in den Drachenorden verhalf, von dem Vlad II. im Geburtsjahr seines Sohnes in Nürnberg ebenfalls aufgenommen worden war.

Seine Mutter war Prinzessin Cneajna aus dem Fürstentum Moldau. Daneben wurde die Familie durch seinen Halbbruder Mircea II und seinen Bruder Radu cel Frumos (Radu der Schöne) komplettiert.

Vlad III. wurde in Siebenbürgen geboren, während sich sein Vater im Exil befand. Denn dieser kämpfte gegen die Osmanen, aber jene wurden von den Bojaren unterstützt und setzten den Woiwoden daher als Herrscher ab.

Die Walachei war ohnehin ein unruhiges Gebiet, das an das Königreich Ungarn angrenzte und dort laufend den Angriffen türkischer Invasoren ausgesetzt war. Schließlich hielt Vlad II. dem Sultan (Murad II.) nicht mehr stand und unterwarf sich. Dabei übergab er ihm beide Söhne, die in der Festung Egrigöz gefangen gehalten wurden.

Dort soll sich Vlad III. des Öfteren schlecht benommen haben und ausgepeitscht worden sein. Man darf annehmen, dass diese Erlebnisse seinem späteren Verhalten eine gewisse Richtung gaben. Jedenfalls sorgte diese Episode in seinem Leben dafür, dass er sowohl auf seinen Vater als auch seinen Bruder und den Sultan nicht mehr gut zu sprechen war.

Seine Herrschaft

Seine Herrschaftszeiten (als „Woiwode“) über das Fürstentum Walachei waren 1448 sowie 1456 – 1462 und 1476. Diese Zeiten sind unterbrochen aufgrund seiner Absetzung und seiner Zeit im Exil. Als Hauptregierungszeit gelten die Jahre 1456 bis 1462.

1448 war er nur ein Jahr eingesetzt, nachdem sein Vater bei einem Attentat getötet wurde. Doch die Türken, die ihn nach ihrer Invasion eingesetzt hatten (als Regierungsmarionette), setzten ihn auch wieder ab und er floh ins Fürstentum Moldau zu seinem Onkel. 1451 floh er nach Ungarn, von wo aus er später einen Feldzug in die Walachei leitete und gegen die Osmanen kämpfte. Anschließend herrschte er wieder in seiner Heimat.

Von da an griff er gegen den bojarischen Adel sowie den Klerus durch, beschränkte ihren Einfluss, ließ sie pfählen und ihre Besitztümer im Volk verteilen. Anschließend ließ er die Bevölkerung 1459 die 80 Kilometer nach Poienari marschieren, um die dortige Burg neu aufzubauen.

Mit Ungarn unterhielt er zunächst gute Beziehungen und verpflichtete sich dem König Ladislaus zu Tributzahlungen, damit dieser ihn im Gegenzug gegen die Türken unterstützte. Doch als er sich von Ladislaus nicht unterstützt fühlte, verweigerte er den Tribut. Es kam zu einem Aufstand in mehreren von Ungarn unterstützten Städte und Vlad III ließ 41 Händler sowie einige von 300 aufgegriffenen Kindern pfählen. Die restlichen Kinder ließ er verbrennen.

Seine Beinamen

Sein Beiname „Drăculea“ wird auch in unterschiedlicher Art erklärt. Es wird sowohl auf das lateinische als auch auf das rumänische Wort für „Drache“ zurückgeführt. Als „Drăculea“ war er der „Sohn des Drachen“, was sich wiederum nach einer Theorie der Historiker darauf bezog, dass sein Vater, Vlad II. Dracul, Mitglied des Drachenordens von Kaiser Sigismund war. Weil „drac“ aber auch „Teufel“ heißt, wurde Vlad III. manchmal auch als „Sohn des Teufels“ bezeichnet.

Seinen Beinamen Tepes („Pfähler“) haben wir oben bereits erläutert. Von diesen Pfählungen berichteten viele Erzählungen des 15. und 16. Jahrhunderts, wodurch der Bericht über diesen Fürsten auch vor allem nach Deutschland und Russland gelangte.

Abb. 7: Pfählungen – dargestellt in der Brodoc-Chronik, daneben wohnt Vlad III. Drăculea speisend der Massenhinrichtung bei.

Seine Erfolge

Man könnte nun annehmen, dass Vlad III. tatsächlich ein recht brutaler Herrscher war, der mit seinen Feinden wenig zimperlich umging. Dabei ist allerdings zu berücksichtigen, dass er in harten und kriegerischen Zeiten lebte und ihn das Verhalten seines Vaters, ihn als Faustpfand in die Gefangenschaft der Feinde zu geben, nur noch abgehärtet hat.

Von den Türken übernahm er die Methode des Pfählens, die auch in Europa als Hinrichtungsart für Verbrecher oder Feinde bekannt war. Da es in der Walachei seinerzeit recht turbulent zuging und Kriege und

Verbrechen an der Tagesordnung waren, war es auch um die Zucht und Ordnung in der Bevölkerung nicht gut bestellt.

Vlad III. griff hart durch und ließ die gepfählten Diebe und Mörder auf den Pfählen verwesen, genau wie in Europa, wo sie zur Abschreckung für andere gut sichtbar hingen. Tatsächlich hatte seine Methode Erfolg und die Korruption sowie die Verbrechensrate in der Walachei gingen aufgrund des harten Durchgreifens von Vlad III. soweit zurück, dass man sie schon fast als nicht mehr vorhanden bezeichnen konnte.

Außerdem brachte er den Handel wieder in Gang und dieser sowie die Kultur gelangten zu neuer Blüte. Kein Wunder, dass viele Untertanen von diesen neuen, geordneten Zuständen begeistert waren und ihn für sein Durchgreifen lobten. Unter ihm herrschte neben der Strenge nun Recht und Ordnung. Und auch die Kirchen kamen nicht zu kurz, denn er unterstützte nicht nur die Kirchen, sondern auch verschiedene Klöster recht großzügig. Beispielsweise auch das Kloster Snagov.

Daran lässt sich am besten erkennen, dass jede Medaille zwei Seiten hat. Ist er nun einfach ein brutaler Tyrann oder hat er lediglich mit den Mitteln seiner Zeit alles Notwendige getan, um für Ordnung in seinem Fürstentum zu sorgen und die Wirtschaft anzukurbeln?

Die dunkle Seite des Fürsten

In Osteuropa kam er in den überlieferten Schilderungen viel besser weg als im Westen. Dies war aber unter anderem auch Teil einer Propaganda und vieles davon war ausgeschmückt, übertrieben oder schlicht erfunden.

Die westlichen Berichte, in denen er sehr schlecht wegkam, waren wohl teilweise übertrieben, aber sie stellten seine dunkle Seite in den Vordergrund. In verschiedenen Quellen, wie beispielsweise der Konstanzer Chronik, werden alle Opfer genaustens aufgelistet und dabei kommen immerhin 92.268 Leidtragende zusammen.

Zur Last gelegt werden ihm in großer Zahl:

- Zerstörung inklusive Niederbrennen von Dörfern und Festungen
- Massenhaft Pfählungen
- Folter
- Verbrennung
- Verstümmelungen
- Häutungen
- Ertränken
- Kochen der Opfer und der Zwang der Angehörigen, diese zu essen
- Gewalt gegen Frauen (unkeusche Witwen, Frauen, die Ehebruch begangen hatten). Hier kam es zum Herausschneiden der Geschlechtsorgane, Pfählungen durch die Vagina oder dem Abschneiden von Brüsten, Pfählen und Häuten.
- Bestrafung von betrügerischen Kaufleuten
- Tötung von Armen, Kranken und Bettlern, die von ihm als Diebe angesehen wurden.

In einigen Quellen, beispielsweise in Deutschland, wurde zugefügt, dass er mehr oder weniger wahllos seine Opfer aussuchte und quälte, während russische Quellen und rumänische Berichte keine sinnlose Gewalt erwähnten.

Die Vorliebe für Pfählungen

Vlad III. pfählte seine Opfer nicht einfach, sondern wendete verschiedene Methoden dabei an. Dadurch konnte er bestimmen, ob die Opfer schnell starben oder sich lange quälen mussten.

Gepfählt wurde:

- Durch einen spitzen Pfahl durch Anus oder Vagina, bis er am anderen Ende wieder herauskam
- Durch einen eher stumpfen Pfahl, auf den die Opfer gesetzt wurden. Hierbei pfählten sie sich langsam selbst durch ihr eigenes Körpergewicht.

- Durch einen Pfahl in Brust oder Unterleib für einen schnellen Tod. Dabei konnten Kinder sogar an die Brust der Mutter mitgepfählt werden.

Aus den aufgestellten Pfählen bildete der Fürst sogar Muster, am liebsten konzentrische Kreise. Vor den Massen gepfählter und verwesender Leichname soll angeblich die türkische Armee schockiert zurückgewichen sein.

Vlads Frauen und Söhne

Wie jeder Herrscher hatte auch Vlad Tepes eine Gattin, in diesem Fall sogar zwei. Die Damen standen allerdings schwer in seinem Schatten und so ist nicht einmal der Name seiner ersten Frau überliefert. Es soll sich aber um eine transsilvanische Adelige gehandelt haben, die ihm einen Sohn schenkte: **Mihnea I. cel Râu** („Mihnea der Böse"), der um das Jahr 1462 herum geboren wurde und von 1508 – 1509 über das Fürstentum herrschte. Er starb 1510.

Die erste Dame soll sich 1462, während der türkischen Belagerung, das Leben genommen haben. Einen historischen Beweis dafür gibt es allerdings nicht. Damals soll ein Bogenschütze eine Nachricht in die Festung Poenari geschossen haben, in der er vor einem Angriff der Türken warnt. Vlads Frau las die Nachricht und stürzte sich von der Burg in einen Fluss, da sie den Tod einem Leben in türkischer Gefangenschaft vorzog.

Bei der zweiten Gattin ist zumindest der Name bekannt, jedoch ist hier der Name eines seiner Söhne nicht überliefert. In zweiter Ehe war er mit **Ilona Szilágyi** verheiratet, einer Cousine des ungarischen Königs Matthias Corvinus. Sie gebar ihm einen Sohn namens Vlad und einen weiteren, dessen Namen jedoch nicht bekannt ist.

Viele Daten zu Ilona gibt es allerdings auch nicht. Sie war von adligem Geblüt und die Tochter einer Edelfrau sowie Cousine von König Matthias Corvinus von Ungarn. Sie hatte ihn kennengelernt, als der König Vlad aufgrund einer Intrige seines Bruders Radu mit König

Matthias als Geisel nahm, um Radu auf den Thron zu setzen. In dem Jahr, als Radu Burg Poenari übernehmen wollte, sprang Vlads erste Frau in den Tod.

Zunächst behalf er sich kurzerhand mit einigen Mätressen weiter, doch so ein Fürst braucht auch eine Frau an seiner Seite. Und so vereinbarten Vlad und König Matthias während der vierjährigen Gefangenschaft, dass er wieder freikommen würde. Er sollte allerdings zum Katholizismus konvertieren und in die ungarische Königsfamilie einheiraten.

Ob Ilona davon begeistert war oder nicht, ist nicht überliefert, aber die Meinung der Frauen war bei einer solchen Zwangsheirat regelmäßig nicht gefragt, es hätte also gar keine Rolle gespielt. 1474 kam Vlad also frei und konvertierte wie abgesprochen 1475. Gemeinsam ließen sie sich in Badu nieder bis zum nächsten Krieg gegen die Osmanen. Hier war Vlad genauso erfolgreich wie bei der anschließenden Rückeroberung des walachischen Thrones, der zu jener Zeit von einem Osmanen namens Basarab Laota besetzt war. Vlad besiegte ihn und erkämpfte sich seinen Thron zurück.

Doch er hatte nicht viel Freude daran, denn er wurde bereits ein Jahr später, im Dezember 1476, im Gefecht gegen Basarab Laotas Armee in der Nähe von Bukarest getötet. Danach verliert sich auch die Spur von Ilona. Ihr Stiefsohn Mihnea regierte nur zwei Jahre, bevor er 1510 ermordet wurde. Er war beim Volk sehr unbeliebt.

Ilonas eigene Söhne übernahmen ebenfalls nicht den Thron, denn ihr erster Sohn Vlad diente im Haushalt von König Matthias und ihr anderer Sohn, dessen Name nicht überliefert wurde, sollte dem Bischof von Oradea dienen. Dort wurde er jedoch schnell krank und wurde seiner Mutter zurückgeschickt, wo er wenig später starb.

Über Ilonas Tod ist nichts überliefert. Einige Historiker nehmen an, dass sie in Snagov begraben wurde, doch diese Annahme ist nicht gesichert. Wie so vieles, was diese Familie und den geheimnisvollen Vlad III. betrifft.

Vlad Tepes und Bram Stokers Dracula

Bei genauer Betrachtung haben die Lebensgeschichten von Vlad III. und der Geschichte um den fiktiven Grafen Dracula nicht viel gemeinsam. Da viele Manuskripte über Vlad III. bereits im 15. Jahrhundert verfasst wurden und Gutenberg bereits zu der Zeit (1450) die Druckerpresse erfand, konnten die verschiedenen Manuskripte und Werke, aber auch Mythen und Überlieferungen rund um den Fürsten sich schnell in ganz Europa und Russland ausbreiten.

Auf diese Weise war die Geschichte schon lange und gut bekannt, als sich Bram Stoker den Fürsten als Vorlage für seinen Dracula nahm.

Abb. 8: Abraham „Bram" Stoker, irischer Schriftsteller (1846 – 1912), Foto: 1906.

Für alle, die bisher weder das Buch noch die Verfilmung der Geschichte gesehen haben, soll der Inhalt in aller Kürze hier erwähnt werden:

Bram Stokers Dracula in Kürze

Bram Stokers Werk erschien 1897 und handelt vom Londoner Rechtsanwalt Jonathan Harker, der wegen einer Immobilienangelegenheit nach Siebenbürgen zu Graf Dracula reist.

Dort erlebt er seltsame Dinge, wird von Einwohnern vor dem Grafen gewarnt und bemerkt die typischen Anzeichen, an denen man Vampire erkennt, beispielsweise, dass der Graf kein Spiegelbild besitzt. Harker wird im Schloss mehr oder weniger gefangen gehalten, wo er von drei hübschen jungen Frauen mit spitzen Zähnen und roten Lippen beinahe verfolgt wird, da sie gerne sein Blut trinken wollen.

Harker sieht, wie der Graf sich in eine Eidechse verwandelt und Wände hochklettert, dass er Wölfen befiehlt und tagsüber in einer Kiste mit Erde liegt, die in der Gruft des Schlosses steht. Schließlich fährt der Graf nebst Kiste per Schiff nach England, wo während der Überfahrt auf geheimnisvolle Weise nach und nach die gesamte Besatzung bis auf den Kapitän verschwindet.

In England zurück ist Harkers Verlobte Mina bei ihrer Freundin Lucy zu Besuch, die plötzlich an Somnambulismus erkrankt und zwei seltsame punktförmige Male am Hals aufweist. Auch Lucys Vater und Mutter erkranken plötzlich. So bittet Lucys Verlobter Dr. Seward, den Chef einer Irrenanstalt um Hilfe.

Dort befindet sich auch ein Mann namens Renfield, der Fliegen und Spinnen isst und später zum Diener Draculas wird. Weil Dr. Seward den Kranken nicht helfen kann, bittet er seinen holländischen Kollegen Professor Van Helsing um Hilfe, der sofort erkennt, dass es sich bei der Krankheit um Vampire handelt.

Jonathan Harker und Mina heiraten und als Mina plötzlich ebenfalls von den Vampiren heimgesucht wird, kommt es zum Showdown, bei dem mehrere tapfere Männer sich auf die Jagd nach dem Grafen machen und ihn Harker schließlich köpfen kann. Danach verfällt der Körper von Dracula zu Staub.

Gibt es auch heute noch Vampire in Transsilvanien oder anderswo?

Was den Vampir aus dem Aberglauben angeht, so ist dieser sicher ungebrochen. Und auch der literarische Vampir erlebt immer wieder in Büchern und Filmen eine Rückkehr in die Köpfe der Menschen.

Dabei wandelt er sich vom gruseligen „Nosferatu" aus der Stummfilmzeit zu den schicken Vampiren, wie sie beispielsweise von Brad Pitt und Tom Cruise in „Interview mit einem Vampir" verkörpert wurden. Und noch salonfähiger anstatt gruselig wurden sie durch die Twilight Saga, die das Thema besonders teenagergerecht aufarbeitet.

Doch es gibt auch eine Personengruppe, die einen richtigen Kult um den Vampir begründet. Sie halten sich selbst für Vampire und möchten sich so kleiden und so verhalten. Daher versuchen sie, einen Kleidungsstil zu finden, der ihrer Meinung nach dem der Vampire entspricht. Häufig überschneidet sich dieser mit anderen dunkleren Stilen wie Gothic. Sogar darüber hinaus kann man optisch nachhelfen, indem sich die Pseudo-Vampire bleich schminken, Gebisse tragen oder die Zähne spitz feilen lassen und Kontaktlinsen einsetzen.

Insgesamt bleibt es nicht bei der reinen Optik oder eventuellen Besuchen an gruseligen Orten oder auf Friedhöfen sowie dem Spleen, in Särgen statt in Betten zu schlafen.

Einige wollen tatsächlich auch Blut trinken. Ihr eigenes, das des Partners oder – was am einfachsten ist – Tierblut. Leider ist Blut aber für den menschlichen Verdauungstrakt nicht geeignet und unverdaulich. Die Versuche, Blut in größeren Mengen zu sich zu nehmen, enden daher bei diesen „Vampiren" mit Krämpfen, Verdauungsproblemen, Übelkeit und einem „Teerstuhl". Es ist keinesfalls zur Nachahmung empfohlen.

Andreas Bathory

Über einen solchen Vampir berichtete der Fernsehsender RTL, denn der Rumäne Andreas Bathory behauptet, er sei ein echter Vampir und von Dracula beziehungsweise Vlad III. Draculea persönlich in einem Traum dazu aufgefordert worden, dessen Erbe fortzuführen.

Andreas kleidet sich schwarz, trinkt Menschenblut und schläft und meditiert in einem Sarg, so wie es sich für einen Vampir gehört. Außerdem lebt er auf dem Gelände des Schlosses Bran in Siebenbürgen.

Er hat sich ganz diesem Vampir-Lifestyle verschrieben und ist Anführer des „Ordo-Dracul-Zirkels". Einen Ableger davon gibt es auch in Berlin, allerdings sind die Dinge, die innerhalb des Ordens vor sich gehen, streng geheim. Für Interessierte berichtet und postet Andreas auf seinem Instagram-Account „vampires romania".

Das mit dem Bluttrinken gestaltet sich laut dem Bericht mittelmäßig schwierig, denn Andreas trinkt echtes Blut, so wie die gesamte Gruppe, also der Zirkel. Dennoch gehen diese Vampire nicht herum und überfallen und beißen Leute. Stattdessen verweist Andreas Bathory darauf, dass es genügend Spender gäbe, die sich zur Verfügung stellen.

Dass das Trinken von Blut problematisch ist und gesundheitlich nicht unbedenklich, ist ihm klar, doch das nehmen er und seine Freunde in Kauf. Anscheinend stellen sie sicher, dass das Bluttrinken so ungefährlich wie möglich abläuft, was auch immer er darunter versteht.

Auch der berühmte deutsche Forensiker Dr. Mark Benecke äußerte sich in einem Interview über Vampire. Abgesehen von den Real-Life-

Vampiren gibt es keine echten Vampire. Dennoch hat er die Fälle aus kriminalistischem Interesse verfolgt.

Er bestätigt, was die früheren Wissenschaftler schon herausgefunden hatten: die Leichen in den Särgen hatten kein frisches Blut im Mund, sondern es handelte sich dabei um Fäulnisflüssigkeit, die mit Blut verwechselt wurde.

Er erwähnt, dass es in Deutschland rund 1.000 Anhänger dieser Subkultur des Vampirismus gibt und erklärt ebenfalls, wie Andreas Bathory, dass diese Anhänger tatsächlich warmes Blut trinken. *„Einige von ihnen trinken auch Blut. Aber warmes – nicht das von toten Menschen oder toten Tieren. Sie bekommen es von freiwilligen Spendern.“* Wie diese Spende abläuft, ist leider in dem Interview nicht zur Sprache gekommen.

Fazit

Auch wenn die Romanfigur an eine reale Person angelehnt und vom Aberglauben genährt ist, müssen wir leider zu dem Schluss kommen, dass es keine unsterblichen Blutsauger gibt. Sie eignen sich nur für Gruselgeschichten und spannende Hollywoodproduktionen – oder Alpträume!

Dracula: Der cineastische Wiedergänger

Bram Stokers Roman kann ohne Zweifel als eines der wichtigsten literarischen Werke unserer Zeit bezeichnet werden. Er ist der berühmteste Blutsauger aller Zeiten. Obwohl Dracula bereits unzählige Male umgebracht wurde, ist er dennoch nicht totzukriegen.

Denn nicht das Blut seiner Opfer, sondern seine Popularität macht ihn wahrhaft unsterblich. Draculas Erfinder ist der irische Schriftsteller Bram Stoker, der seinen gleichnamigen Roman im Jahr 1897 in England veröffentlichte. Das Buch gilt bis heute als der Klassiker der Vampirliteratur und wurde unzählige Male verfilmt.

Das Vorbild des Grafen ist der rumänische Fürst Vlad Draculea, genannt „Tepes", also „der Pfähler". Dieser beherrschte sechs Jahre lang auf brutalste Weise die Walachei, also das heutige südliche Rumänien um Bukarest. Dieses Gebiet bildete damals die Grenze zwischen dem christlichen Königreich Ungarn und dem islamischen Osmanischen Reich und war damit ständig Ziel von Eroberungs- und Raubzügen beider Seiten.

Um seine ungesicherte Macht nach innen und außen zu stärken, ließ Vlad seine Gegner – oder wen er dafür hielt – mit Vorliebe auf Pfähle spießen und qualvoll sterben. Zwischen 40.000 und 100.000 Menschen sollen während seiner Herrschaft umgekommen sein. (Wir berichteten in den Fakten über Vlad III. darüber ausführlich.)

Doch weniger sein blutrünstiges Leben als sein Beiname „Draculea" dürfte bei Bram Stoker Assoziationen zu Vampiren geweckt haben. Draculea bedeutet „Draculs Sohn" = „Sohn des Drachen", da Vlad wie sein Vater Angehöriger des Drachenordens war, den der deutsche Kaiser Sigismund (1368 – 1437) gegründet hatte. Im Rumänischen bedeutet „dracul" allerdings auch Teufel.

Drachen haben Ähnlichkeiten mit Fledermäusen. Die symbolisieren oft den Teufel und eben Vampire. Von diesen war Stoker besessen, seit er die 1872 erschienene Vampirerzählung „Carmilla" von Sheridan Le-Fanus gelesen hatte, eine von vielen Vampirgestalten in der viktorianischen Literatur. Lediglich die oft zitierte Methode, dass man Vampire töten könne, indem man einen Pfahl durch ihr Herz treibt, könnte von Vlad Tepes inspiriert sein.

Dracula ist eine der ersten klassischen Horrorgestalten, der ein filmisches Denkmal gesetzt wurde. Schon 1922 geisterte er als „Nosferatu" des deutschen Regisseurs Friedrich Wilhelm Murnau über die Leinwände (siehe das Kapitel „Murnaus Nosferatu: Horror in Wismar"). Der Hauptdarsteller hieß nicht nur passenderweise Max Schreck, sondern sah auch noch entsprechend aus.

Nur weil die Erben Bram Stokers gegen eine Verfilmung des Romans durch einen Deutschen waren, musste der Vampir umbenannt und der Schauplatz von England nach Wismar in Mecklenburg verlegt werden. Die erste Verfilmung mit Ton und richtigem Namen 1930 brachte ihrem Hauptdarsteller Bela Lugosi lebenslangen Ruhm ein.

Abb. 9: Bela Lugosi (Béla Ferenc Dezső Blaskó), ungarischer Schauspieler (1882 – 1956) Aufnahme ca. 1900.

Selbst 1958 war die Anziehungskraft Draculas noch so groß, dass die berühmte englische Produktionsfirma „Hammer“ zwölf Jahre lang unzählige Variationen der Geschichte inszenieren konnte, die den

Hauptdarsteller Sir Christopher Lee (mit vollem Namen Sir Christopher Frank Carandini Lee, 1922 – 2015) genauso berühmt wie Lugosi machten.

Die Dracula-Filme mit Lee waren sehr erfolgreich und der Erstling „Dracula“ aus dem Jahr 1958 ist bis heute ein besonderer Klassiker für Horror-Fans. Die stechenden Augen und die laszive Eleganz von Christopher Lee prägten wie niemand anderer die dunkle Figur des blutdürstigen Grafen. Auch Roman Polanskis „Tanz der Vampire“ (Originaltitel: „The Fearless Vampire Killers“) aus dem Jahr 1967 wusste trotz komödiantischen Einlagen durchaus zu gruseln.

1979 gab Klaus Kinski (Klaus Günter Karl Nakszynski, 1923 – 1991) den melancholischen Grafen in Werner Herzogs Neuverfilmung von „Nosferatu“. Doch erst 1993 war mit Francis Ford Coppolas „Dracula" die erste Verfilmung zu sehen, die sich wenigstens annähernd an die Romanvorlage hielt. Coppolas „Bram Stoker‘s Dracula“ ist das Nonplusultra aller Dracula-Verfilmungen und ganz großes Kino.

Der britische Schauspieler und Dracula-Darsteller Gary Oldman verkörperte die Rolle des Dracula einfach hervorragend. Diese Inkarnation des Blutsaugers ist auch die bei Weitem angsteinflößendste Darstellung, denn dieser Dracula ist ein unaufhaltsames und unersättliches Biest. Doch Coppola betonte mit diesem Film vor allem die tragische Seite von Prinz Vlad, wodurch man als Zuschauer den Unhold trotz seiner Taten eher bemitleidet.

Das gelingt hier vor allem durch Oldmans herausragendem Spiel. Hinzu kommt die beeindruckende Maskenarbeit. Gerade zu Beginn, wenn wir den Grafen mit seinem legendären, greisen Look das erste Mal zu Gesicht bekommen, ist dies ein beeindruckender Moment.

Auch wenn Dracula als Biest zu sehen ist, wurde es einfach meisterhaft umgesetzt. Die Filmmusik ist ein weiteres unbestreitbares Qualitätsmerkmal des Films. Düster, schaurig, bombastisch und doch oftmals melancholisch und traurig. Genau die richtige Vorlage für die tragische Geschichte des Dracula.

Es folgten zahlreiche Adaptionen über Vampire, zumeist allerdings mit fragwürdigem Charakter oder verzerrter Darstellung des Vampir-Mythos.

1994 zeigten sich Tom Cruise und Brad Pitt in „Interview mit einem Vampir“ von einer völlig anderen Seite. George Clooney und Quentin Tarantino ließen es in „From Dusk Till Dawn“ 1996 so richtig krachen, Wesley Snipes überzeugte ab 1998 in der Filmreihe „Blade“ als düster dreinblickender Daywalker.

Und neben zahlreichen Rohrkrepierern, Buchverfilmungen und Teenagerversionen wie die Twilight-Bestseller überzeugte eine Schar Blutsauger in der Comicverfilmung „30 Days of Night“ aus dem Jahr 2007, die in einem Polarnest die 30-tägige Dunkelheit ausnutzen, um sich mal wieder so richtig vollzusaugen.

Murnaus Nosferatu: Horror in Wismar

Anfang des 19. Jahrhunderts reist der Makler Hutter nach Transsilvanien, wo er mit dem unheimlichen Grafen Orlok einen Kaufvertrag über ein Haus in seiner Heimatstadt abschließen will. Orlok entpuppt sich jedoch als Vampir, zwingt Hutter unter seine Kontrolle und bricht nach Wisborg auf, um nach der schönen Frau zu sehen, deren Bild er bei Hutter fand. Auch Hutter, der sich befreien konnte, eilt nach Wisborg zurück, wo es zwischen Pesttoten und Rattenheeren zur entscheidenden Auseinandersetzung kommt ...

Dies ist kurz und knapp die Geschichte um den berühmten Wiedergänger Graf Orlok in Friedrich Wilhelm Murnaus „Nosferatu“. Die Namen der Protagonisten waren anders, aber es war dennoch ein frühes Zeugnis von einem der berühmtesten Wiedergänger der Filmgeschichte.

Ursprünglich hätte es den Film wegen eines Urheberrechtsstreits mit Bram Stokers Witwe Florence Stoker gar nicht gegeben und eine gerichtliche Anordnung besagte, dass das komplette Filmmaterial inklusive aller Kopien von Nosferatu zu vernichten seien. Glücklicherweise war das Bemühen nicht von Erfolg gekrönt und es wurden verschiedene Kopien der endgültigen Auslöschung entzogen.

Abb. 10: Der Aegidienkirchhof, hier eine Aufnahme von 1909, diente als Drehort für Hutters Haus.

Murnaus „Nosferatu“ ist neben „Das Cabinet des Dr. Caligari“ wohl der beeindruckendste und künstlerisch wertvollste deutsche Horrorfilm aller Zeiten. Mit seiner beeindruckenden Bildsprache, zur damaligen Zeit einzigartigen Naturaufnahmen und dem absolut treffenden Titeldarsteller Max Schreck sorgte Murnau bereits in der ersten Hälfte des 20. Jahrhunderts für einen Alptraum, den man auch im Zeitalter von Zombies und zahlreichen Vampirfilmen nach wie vor nicht so schnell vergisst.

Abb. 11: Schauspieler Max Schreck (1879 – 1936), der „Nosferatu“, Foto um 1922 auf einer Postkarte.

Nosferatu gilt praktisch als einer der ersten Horrorfilme überhaupt. Er nahm mit seiner grandiosen, expressionistischen Gestaltung bis heute einen großen Einfluss auf das Horror-Genre. Das schreckliche Glanzstück mit seiner überaus dämonischen Hauptfigur und der Darstellung seiner traumartigen, gequälten Seele machten Nosferatu sogar zu einem der wichtigsten Werke des Kinos der Weimarer Republik.

Die Dreharbeiten zu Nosferatu begannen im Juli 1921 mit Außenaufnahmen in Wismar. Eine Aufnahme vom Turm der Marienkirche über den Wismarer Marktplatz mit der Wasserkunst diente als Eröffnungsszene für den Schauplatz Wisborg.

Abb. 12: Gedenktafel am Drehort.

Weitere Drehorte waren das Wassertor, die Westseite der Georgenkirche, der Hof der Heiligen-Geist-Kirche und der Hafen. Das um 1450 erbaute Wassertor steht heute noch an seinem Ort und ist das Letzte von fünf Toren der ehemaligen Stadtmauer.

Abb. 13: Innenhof mit Brunnen, einst Drehort für Nosferatu.

Der quadratische Backsteinbau prägt die bis heute erhaltene Stadtgestalt der Hansestadt Wismar. Hier schritt Max Schreck alias Nosferatu in einer Szene nach seiner Ankunft im Hafen hindurch. Eine Erinnerungstafel wurde im Boden eingelassen, um diesen historischen Drehort zu würdigen.

Abb. 14: Wassertor in Wismar, wo einst Max Schreck als Nosferatu in die Stadt kam.

Der Hof der Heiligen-Geist-Kirche in Wismar war ein weiterer wichtiger Drehort für die Geschichte um den schrecklichen Vampir. Hier findet man im Innenhof die Stellen mit Holztor und Brunnen, wo der gruselige Blutsauger im Jahre 1921 entlangschritt.

Das Eingangstor zum Hof der Heiligen-Geist-Kirche ist im Übrigen auch noch wegen einem anderen TV-Ereignis berühmt: sie dient nämlich als Einfahrt zur Polizeistation der Ermittler von SOKO Wismar.

Kuriose Randbemerkung: Wenn die Polizeiwagen in der Serie durch das Tor fahren, wirkt es allerdings im Fernsehen viel größer, als es in Wahrheit ist. Ein gelungener Effekt, dem die TV-Serie nicht zuletzt seinen Charme verleiht.

Darüber hinaus wurden in Lübeck die aufgelassenen Gebäude der Salzspeicher als Drehort für Nosferatus neues Domizil in Wisborg genutzt, auf der Depenau wurden die Särge herabgetragen, ebenso wurden weitere Außenaufnahmen in Lauenburg, in Rostock und auf Sylt durchgeführt. Letztendlich reiste das Filmteam auch in die Karpaten, wo die Arwaburg als gruselige Kulisse für Orloks halbverfallenes Schloss diente.

Abb. 15: Arwaburg (Karpaten), Gemälde von Thomas Ender (1793 – 1875), entstanden 1860.

Wismar jedoch ist eine der interessantesten Kulissen für Nosferatu. Dem Charme dieser Stadt hat es keinen Abbruch getan, im Gegenteil: heute ist sie ein gern besuchter Ort für Touristen, die auf der Suche nach den berühmten Drehorten für eines der beeindruckendsten Meisterwerke der Filmgeschichte sind.

Wer weiß: Vielleicht hat der ein oder andere Motivjäger einen geheimnisvollen Schatten eingefangen, der als gequälte Seele des Grafen Orlok noch heute durch Wismar, pardon: Wisborg, streift ...

Abb. 16: Eingangstor in den Innenhof der Heilig-Geist-Kirche in Wismar, der auch als Kulisse für das Polizeirevier der SOKO Wismar dient.

Teil 3

Der zusammengesetzte Untote: Frankensteins Monster

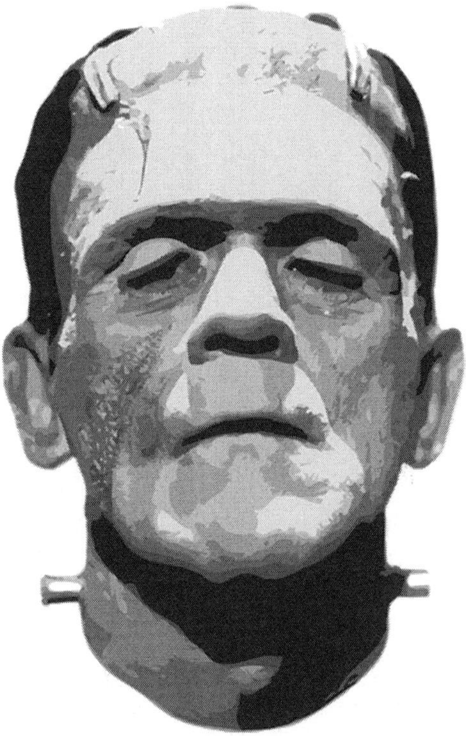

Abb. 17: Frankensteins Monster (© sethJreid, Pixabay)

Während wir in den ersten beiden Teilen Wiedergängern und Untoten begegnet sind, die aus dem Grab auferstehen oder Vampiren, die sich vom Blut ihrer Opfer ernähren, um ewig zu leben, ist Frankensteins Monster eine andere Sorte Untoter.

Denn er hat auch zuvor nicht als Mensch gelebt, sondern wurde von seinem Schöpfer, dem Arzt Viktor Frankenstein, wie ein Puzzle zusammengesetzt! Aus diversen ausgegrabenen Leichenteilen schuf sich der Arzt aus dem bekannten Roman von Mary Shelley („Frankenstein oder Der moderne Prometheus") einen neuen Menschen, den er durch Elektrizität zum Leben erweckte.

Frankenstein ist zwar ganz klar nur eine fiktive Geschichte, die die Schriftstellerin erfunden hat, doch gibt es hier – wie auch bei Dracula – Anzeichen dafür, dass es sich nicht um eine reine Erfindung handelt! Doch rollen wir die Angelegenheit am besten von vorne auf.

Der Roman – kurz zusammengefasst

Für diejenigen, die bisher nicht mit dem Buch oder dem Film in Kontakt gekommen sind, fassen wir kurz die wichtigsten Punkte zusammen.

Viktor Frankenstein (17) studiert nach dem Tod seiner Mutter in Ingolstadt, wo er sich auch mit der Alchemie beschäftigt. Er untersucht im Labor Leichen und beobachtet die Verwesung, schließlich findet er die Formel allen Lebens, mit deren Hilfe er in der Lage ist, tote Menschen wieder zum Leben zu erwecken. Er bastelt sich aus verschiedenen Leichenteilen ein 2,5 m großes Wesen zusammen und erweckt es mit einem Stromstoß zum Leben. Doch das Wesen ist so hässlich, dass er es in seiner Wohnung zurücklässt und flieht. Als er später wiederkommt, ist das Wesen verschwunden.

Schließlich hört er, dass sein Bruder William in Genf ermordet wurde und reist sofort dorthin. Dabei stellt sich heraus, dass ausgerechnet sein Monster der Mörder seines Bruders ist. Fälschlicherweise wird die Magd seines Bruders für den Mord zum Tode verurteilt. Frankenstein klärt die Sache nicht auf. Stattdessen reist er durch die Schweiz und begegnet der Kreatur. Er will sie zwar töten, doch sie ist übermenschlich stark und Viktor Frankenstein hat keine Chance gegen sie.

Stattdessen setzt er sich dann mit seinem Monster zusammen in eine Berghütte und lässt sich erzählen, was es bisher alles erlebt hat. Es hat sich lange Zeit in einem Schuppen versteckt und von Eicheln aus dem Wald ernährt. In dem Mantel, den er bei seiner Flucht aus Ingolstadt mitgenommen hat, hatte sich auch das Tagebuch Frankensteins befunden, sodass das Monster dort seine eigene Schöpfung nachlesen konnte. Er war wütend auf Frankenstein, weil dieser ihn so hässlich erschaffen und dadurch zur Einsamkeit verdammt hatte.

Er verlangt daher von dem Arzt, ihm eine Gefährtin zu erschaffen, damit er mit ihr nach Südamerika gehen und im Urwald leben könnte. Frankenstein stimmt wohl oder übel zu, weil er nicht will, dass das Monster seiner Familie etwas antut.

Doch während der Arbeit an der Gefährtin (in Schottland) bekommt er Zweifel, zerstört die angefangene Arbeit und rudert aufs Meer hinaus, wo er die Leichenteile versenkt. Dabei gerät er in einen Sturm, landet in Irland und hat das Pech, das gleichzeitig mit ihm noch die Leiche eines Mannes angeschwemmt wird. Er wird als Tatverdächtiger vor Gericht gestellt. Dabei stellt sich heraus, dass die Leiche sein Freund Henry ist – erwürgt von dem Monster, genau wie Frankensteins Bruder zuvor.

Er reist nach Genf zurück, um seine Freundin Elisabeth zu heiraten. Das Monster hatte gedroht, das Paar in der Hochzeitsnacht zu töten. Also bleibt er wach und wartet unten im Haus auf das Monster. Als er seine Gattin oben schreien hört, kommt er zu spät: das Monster hat sie erwürgt. Als Frankensteins alter Vater von dem Vorfall hört, erleidet er einen Schlaganfall, Frankenstein selbst wird daraufhin halb wahnsinnig und beginnt, seine Kreatur durch die halbe Welt zu jagen.

Schließlich kommt er ihm am Nordpol auf die Spur, wo er völlig kraftlos von einem Reisenden entdeckt und aufgenommen wird. Doch das Schiff des Reisenden ist vom Eis eingeschlossen, viele Matrosen sind bereits erfroren. Frankenstein geht es immer schlechter und er bittet seinen Retter Robert Walton, die Rache für ihn zu vollenden. Dann stirbt er.

Walton schreibt alle Ereignisse und Frankensteins Berichte für seine Schwester auf und wird dabei unterbrochen, als das Monster an Bord kommt, und am Totenbett seines Schöpfers trauert. Zuerst zückt er den Säbel, um das Wesen zu töten, doch dann hat er Mitleid mit dem Monster und lässt es durch das Kajütenfenster entkommen.

Die Erfinderin des Monsters: Mary Shelley (1797 – 1851)

Abb. 18: Mary Shelley, posthumes Miniaturporträt, das Easton angeblich nach einer Totenmaske gemalt wurde. von Reginald Easton.

Mary Shelley war die Tochter der Schriftstellerin und Frauenrechtlerin Mary Wollstonecraft und des Journalisten, Philosophen und Reformers William Goodwin. Auch ihr Mann, der britische Schriftsteller und Atheist Percy Bysshe Shelley, war von der kreativen schreibenden Fraktion. Zudem war sie mit dem berühmten britischen Dichter Lord Byron (George Gordon Noel Byron, 6. Baron Byron) befreundet.

Damals war es untypisch, dass Mädchen eine fundierte Schulausbildung genießen konnten. Doch die Mutterlose Mary Shelley (ihre Mutter war 10 Tage nach ihrer Geburt an Kindbettfieber gestorben) hatte freien Zugang zur umfangreichen Bibliothek ihres Vaters. Außerdem verkehrten viele bekannte Dichter, Journalisten und Literaten sowie Politiker und Intellektuelle mit ihm, sodass Mary auf diese Art zu einem großen und außergewöhnlichen Wissen kam – das sie auf diese Weise in der Schule wohl kaum erhalten hätte.

Die Nacht am Genfer See – die Geburt des Monsters

Mary Shelley (damals noch Mary Godwin) und ihr noch nicht Angetrauter Percy Shelley suchten bei einem Besuch in der Schweiz im Mai 1816 Unterschlupf bei Lord Byron, den sie aus London kannten. Er hatte dort eine kurze Affäre mit Marys Stiefschwester Claire gehabt. Mit von der Partie waren bei diesem Besuch auch der neugeborene Sohn William sowie ihre Stiefschwester Claire Clairmont und John William Polidori, Schriftsteller und außerdem Leibarzt von Lord Byron.

Wie Mary Shelley über die Entstehung des Romans berichtete, vereinbarten sie aus Langeweile während des regnerischen Gewitters, das sie im Haus in Genf einschloss, einen Schreibwettbewerb mit dem Thema Schauergeschichten.

Abb. 19: Genfer See (© SofiLayla, Pixabay)

Doch Mary Shelly hatte zunächst keine richtige Idee, bis sich Lord Byron und ihr Liebster über das „Wesen des Lebens“, Darwin, Galvanismus und künstliches Leben unterhielten ...

Da platzte bei ihr der Knoten und die Geschichte von Viktor Frankenstein und seinem Monster war geboren. Häufig wird das Monster selbst als Frankenstein bezeichnet, doch tatsächlich war dies nur der Name des Arztes. Das Monster selbst hatte von seinem Schöpfer keinen Namen erhalten.

Dass sie die Geschichte in Genf spielen lässt, ist in diesem Fall leicht zu begründen ...

Eine Legende besagt, Byron habe am Ende dieser Lesung und einer folgenden spiritistischen Sitzung gesagt: *„So, jetzt wird jeder von uns eine Geistergeschichte schreiben!”* Offenbar haben Percy Shelley, Polidori und Claire Clairmont sehr schnell das Interesse an diesem Wettbewerb verloren. Byron schrieb lediglich ein Fragment: „Der Vampir”.

Die mögliche Vorlage für Viktor Frankenstein: Johann Konrad Dippel

Für den Protagonisten ihres Romans, den **Arzt** Viktor Frankenstein, gab es eine mögliche reale Vorlage: den Arzt und Alchemisten Johann Konrad Dippel (1673 – 1734), der 1673 auf **Burg Frankenstein** geboren wurde.

Es gibt übrigens vier verschiedene Burgen, die den Namen „Frankenstein“ tragen:

- Burg Frankenstein in Bad Salzungen im Wartburgkreis (Thüringen)
- Burg Frankenstein im Odenwald bei Darmstadt (Hessen) – die „echte“ Burg Frankenstein
- Burg Frankenstein bei der Gemeinde Frankenstein (Rheinland-Pfalz)
- Schloss Frankenstein (Schlesien)

Abb. 20: Villa Diodati, 2008. Hier in Lord Byrons Villa entstand einst Mary Shelleys berühmter Roman.

Johann Konrad Dippel wurde auf der Burg Frankenstein im Odenwald geboren, die also – wenn man ihn als Vorlage sieht – als „echte“ Burg Frankenstein zu werten ist. Mary Shelley reiste sehr viel durch

Europa und hätte die Burg auch besucht haben können – hier gehen die Meinungen darüber jedoch auseinander.

Bekannt ist die Burg auf jeden Fall bereits seit dem Jahr 1252 und sie gehörte auch bis 1662 den Herren von Frankenstein. Allerdings beschreibt Mary Shelley in ihrem Roman nicht den Odenwald, sondern lässt ihre Protagonisten in Genf und Schottland und an anderen Orten auftauchen.

Abb. 21: Eingang zur Burg Frankenstein/Hessen.

Abb. 22: Burg Frankenstein/Hessen.

Abb. 23: Führte Johann Konrad Dippel auf der Burg Frankenstein hinter verschlossenen Türen grausige Experimente durch? Burg Frankenstein/Hessen.

Wer war Johann Konrad Dippel?

Ob der Arzt Johann Konrad Dippel wirklich die Vorlage für den Roman war, wird von einigen Kritikern angezweifelt. Doch da es sich bei Mary Shelleys Roman nicht um eine Biografie, sondern eine Fiktion handelt, kann er durchaus als Inspiration gedient haben.

Geboren wurde Johann Konrad Dippel am 10.08.1673 (nach dem Julianischen Kalender am 20. August) im Forsthaus auf Burg Frankenstein im Odenwald. Dorthin waren seine Eltern (sein Vater war Pfarrer) vor den französischen Truppen geflohen. Er wurde sofort getauft, da er so schwach war, dass man mit seinem baldigen Tod rechnen musste. Danach wuchs er im Pfarrhaus in Nieder-Beerbach auf, bis der Vater nach Nieder-Ramstadt versetzt wurde und die Familie umziehen musste.

Abb. 24: Johann Konrad Dippel (Christianus Democritus), Kupferstich aus der Sammlung Carl von Ossietzky/Uni Hamburg.

Die Schutzsuche hinter den Burgmauern war damals, während des pfälzischen Erbfolgekrieges, nicht ungewöhnlich. So kann es durchaus sein, dass Dippel als Kind häufiger auf der Burg gewesen ist – wie viele andere Dorfbewohner auch.

Dippel war studierter Philosoph und Theologe und arbeitete auch als Hauslehrer. Von 1704 bis 1707 versuchte er sich in Berlin als Alchemist und zog dann weiter nach Holland, wo er 1711 in Medizin promovierte und anschließend auch als Arzt und Chemiker/Alchemist tätig war.

Seinen Lebensabend verbrachte er in Berleburg, wo er auch eine Weile bei Graf Casimir zu Sayn-Wittgenstein-Berleburg auf dem Schloss lebte. Hier war er als Dr. Dippelius oder auch seinem Gelehrtennamen Christianus Demokritus (er hatte mehrere Pseudonyme) bekannt. Als Arzt muss er wirklich gut gewesen sein, denn sogar die Gegner seiner theologischen Schriften erkannten seine Leistungen als Arzt an.

Kurz vor seinem Tod versuchte Dippel noch, die Burg Frankenstein beim Darmstädter Landgrafen Ernst Ludwig gegen das Rezept für die Umwandlung von Silber in Gold einzutauschen. Dazu kam es jedoch nicht mehr. Er starb noch vor einem Vertragsabschluss auf Schloss Wittgenstein bei Bad Laasphe (NRW). Interessant war, dass aufgrund großer Goldfunde nach seinem Tod wieder das Gerücht aufkam, dass er tatsächlich erfolgreich Silber in Gold verwandeln konnte.

Der umstrittene Alchemist war oft an seinem Geburtsort, der Burg Frankenstein, tätig. Seine Ansichten, die er schon in der Magisterarbeit „de nihilo" (über das Nichts) am Theologischen Lehrstuhl in Gießen vorstellte, kamen wohl um 200 Jahre zu früh.

In der abergläubischen Bevölkerung als Hexenmeister betitelt, soll Dippel noch heute als Geist auf dem Kirchhof von Nieder-Beerbach umgehen, wo er die Ruhe der Toten stört. Auf der Burg soll er besonders in den „Raunächten" zwischen Weihnachten und dem 1. Januar auf dem Kapellendach mit seinen dürren Knochen klappern und laut klagend nach dem verschütteten Zugang zu seinem Labor suchen, wo er seine schaurigen Experimente vollzogen haben soll.

Marys Tagebuch und die Gebrüder Grimm – Fakt oder Fiktion?

Dienten Dippel und die Burg Frankenstein tatsächlich als Vorlage? Bei dieser Diskussion stechen vor allem zwei Punkte besonders heraus: die Idee, dass Mary Shelley die Burg besucht hat und die Theorie, dass sie von Dippel und der Burg durch die Legenden von Jacob Grimm gehört hat.

Ausschlaggebend für diese These sind die Überlegungen der Autoren Radu Florescu und Walter Scheele. Radu Florescu hat sich auch mit seinen Forschungen zu den Hintergründen der Geschichte über Dracula einen Namen gemacht. Walter Scheele wird für seine Darstellungen, die er nicht belegen kann, stark angefeindet.

1. Marys Besuch auf der Burg

Der angebliche Besuch auf Burg Frankenstein und die zusätzlichen Informationen, die Mary während ihrer Reise erhalten haben könnte, konnten von Radu Florescu leider nicht bewiesen werden.

Radu Florescu (1925 – 2014)

Der Historiker hat in seinem Buch „In search of Frankenstein" (1975) geäußert, dass Mary Shelley bei ihren Reisen Schloss Frankenstein besucht hätte und dabei von der Geschichte des Alchemisten Johann Konrad Dippel gehört habe. Diese Informationen hätten sie zu ihrem Meisterwerk inspiriert. Dabei ist ihm selbst klar, dass die „lokale Folklore" so wenig Beweiskraft haben, wie Klatsch und Tratsch.

Dennoch spekuliert er weiter: Mary Shelley und Claire Clairmont waren am 2. September in Gernsheim am Rhein und Florescu behauptet, dass man von dieser Stadt aus wunderbar und deutlich die mächtige Burg Frankenstein sehen konnte. Er hält es für unvorstellbar, dass sie dieses imposante Gebäude nicht besucht haben sollte. Selbstverständlich wäre die Vermutung für eine historisch interessierte Person durchaus legitim.

Er verweist außerdem darauf, dass Mary Shelley, ihr Verlobter und ihre Halbschwester auf drei Studenten der Uni Straßburg getroffen seien. Da Dippel einst in Straßburg studiert habe, hätten diese Studenten sicherlich einige Informationen über Dippel und die Burg an Mary Shelley weitergegeben.

Diese Geschichte lässt sich natürlich schwer prüfen. Selbstverständlich beziehen Schriftsteller ihre Inspirationen und Anregungen für ihre Geschichten immer aus verschiedenen Quellen. Und für eine gebildete junge Frau, die vielseitig interessiert war, ist es nicht unmöglich, im Gespräch mit Einheimischen auch die Burg thematisiert zu haben.

Warum sollte sie auch auf Reisen gehen, ohne die Sehenswürdigkeiten der Gegend zu besuchen oder über sie zu sprechen? Aber gibt es handfeste Beweise dafür? Leider nein. Zumindest wissen wir, wie Florescu auf seine Behauptungen gekommen ist.

2. Welche Rolle spielen die Stiefmutter und die Gebrüder Grimm?

Die Idee, dass diese Personen etwas mit der Sache zu tun haben könnten, hat der Autor, Heimatforscher und Burgschreiber Walter Scheele vorgebracht.

Walter Scheele

Der Autor aus Pfungstadt führt ab und zu Führungen auf der Burg durch und hat auch über sie geschrieben („Burg Frankenstein – eine Zeitreise“). Scheele behauptet beispielsweise, dass Wernher von Braun nach dem Ende des Zweiten Weltkriegs auf der Burg Raketentests durchgeführt haben soll. Auch der damalige US-Außenminister Henry Kissinger soll zeitweise deshalb die Burg besucht haben.

Er vermutete, dass Mary Shelley die Legenden über das Schloss und den Alchemisten aus der Gegend aufgeschnappt haben könnte. Denn sie wurden auch von den Gebrüdern Grimm verbreitet. Und rein zufällig war Marys französische Stiefmutter Mary Jane Clairmont die Übersetzerin von Grimms Werken. Außerdem soll ein Brief beweisen, dass Mary Shelleys Halbschwester Claire zusammen mit Percy Shelley 1814 die Burg besucht haben sollen. Doch da der besagte Brief fehlt, ist diese Behauptung unbewiesen.

Allerdings kann sich der Geschichtsverein nicht mit seinen Darstellungen anfreunden. Mithilfe verschiedener Historiker ist er den Behauptungen nachgegangen, doch keiner der beteiligten Historiker der deutschen Universitäten konnten Scheeles Behauptungen historisch belegen.

Weder die Anwesenheit von Mary Shelley auf der Burg noch die Behauptung, dass Marys Stiefmutter mit den Gebrüdern Grimm über die Burg korrespondiert hätte. Scheele bleibt bei seiner Ansicht, auch wenn alle Belege fehlen, und der Geschichtsverein kontert mit einer Broschüre („Sechs Irrtümer zum Frankenstein – was Historiker dazu sagen"), um die falschen Behauptungen bloßzustellen.

Nachdem alle Belege für die Behauptung Scheeles zu fehlen scheinen und Dippel laut seiner Biografie nie auf der Burg lebte, hat die Burg nichts mit dem Buch zu tun. Mary Shelley hat die Burg nie besucht, die Gebrüder Grimm haben nicht darüber geschrieben und Dippel war auch nicht die Vorlage für Viktor Frankenstein.

Faktencheck

1. Möglicher Besuch Mary Shelleys auf der Burg

Ende der 1970er Jahre kam die Idee auf, dass Mary Shelley das Schloss während ihrer Reisen besucht haben könnte. Tatsächlich war sie häufig in Europa unterwegs und hat auch die Gegend um Schloss Frankenstein besucht.

Im September 1814 war sie mit einem Schiff auf dem Rhein unterwegs und übernachtete in Gernsheim. Doch von dort aus kann man die Burg nicht sehen. Außerdem führte sie stets ein Reisetagebuch und ein Abstecher zum Schloss wird darin nicht erwähnt.

Auch bei einer Reise im Jahr 1840 in diese Gegend bleibt die Burg unerwähnt. Mary Shelley spricht nur über die Region um die Burg im Allgemeinen. Gut möglich, dass sie die Burg lediglich von Weitem gesehen hatte und ihr der Name später, bei der Niederschrift ihres Werkes, wieder in den Sinn kam.

Von einem angeblichen Reisetagebuch, das die Behauptung belegen soll, dass Mary im November 1814 die Burg besucht hat, ist bekannt, dass es von einem Sprachwissenschaftler (Gregory Wiser) für nicht authentisch erachtet wurde. Dazu kommt, dass Mary nachweislich zu diesem Zeitpunkt bereits wieder in England war ...

Zu den fehlenden Einträgen könnte man natürlich einiges spekulieren. Denn niemand, der ein Tagebuch führt, ist dazu verpflichtet, regelmäßige Eintragungen vorzunehmen. Es könnte verschiedene Gründe dafür geben, dass Mary Shelley die Burg nicht erwähnt hat. Vielleicht hatte sie zu diesem Zeitpunkt auch schon eine Idee entwickelt, die Begegnung mit dem Gebäude und der Legende später ausführlich darzustellen? Dann hätte sie sich als Autorin nicht die Mühe gemacht, alles in ihr Tagebuch zu schreiben. (Einige zweifeln nämlich an, dass sie die Idee zu „Frankenstein" erst in Genf entwickelt hat ...)

Vielleicht war der Anblick der Burg aber damals auch völlig unwichtig für sie und sie hat deshalb nichts darüber geschrieben? Oder sie hatte einfach keine Zeit dazu? Hier könnte es viele Gründe dafür geben, warum sie in ihrem Tagebuch nichts erwähnt hat. Jedenfalls fehlt jeder Beleg für einen Besuch Marys auf der Burg Frankenstein.

2. Gibt es wirklich eine Verbindung zu den Gebrüdern Grimm?

Angeblich haben die Gebrüder Grimm über einen Zauberer und Unhold auf der Burg Frankenstein geschrieben. Und diese Geschichte an Marys Shelleys Stiefmutter zur Übersetzung geschickt. So behauptet es auch die Seite https://www.frankenstein-restaurant.de/die-burg/mythos.

Abb. 25: Wilhelm und Jacob Grimm, 1847, von Hermann Blow.

Dort steht, dass Jacob und Wilhelm Grimm im Beerbacher Tal Märchen sammelten und von dem Pfarrer von Nieder-Beerbach die Geschichte vom Leichenräuber und Grabschänder Dippel hörten. Dieser soll angeblich in seinem Labor im Burggefängnis der Burg Frankenstein Gold für den Landgrafen von Hessen machen. Abgesehen davon versuchte er angeblich auch, aus den Leichenteilen und dem Blut der Jungfrauen einen neuen Menschen zu schaffen.

Dieser neue Mensch soll Dippel an einem trüben Novembertag niedergeschlagen haben und geflohen sein. Noch heute sitzt dieser Unhold in den Wäldern und versucht Kinder und Jungfrauen zu fangen … Diese Geschichte soll Jacob Grimm an Mary Shelleys Stiefmutter zur Übersetzung geschickt haben und Mary soll daraufhin mit ihrer Stiefschwester und ihrem zukünftigen Mann 1814 die Burg besucht haben.

Leider hält diese Geschichte der Prüfung nicht stand. Denn die Brüder-Grimm-Gesellschaft in Kassel hat sich dieser Sache angenommen und keine Beweise dafür gefunden, dass Mary Shelleys Stiefmutter in Kontakt mit den Gebrüdern Grimm gestanden hätte. Daher wurde diese Erklärung auch als unhaltbar abgelehnt.

Die lokale Sage von Ritter Schorsch

Die Gemeinde Nieder-Beerbach ist stolz auf die Sage von Ritter Schorsch, da dieser gegen einen Lindwurm kämpfte, genau wie der berühmte Held Siegfried aus dem Nibelungenlied – oder auch der Heilige Georg, der gegen einen Drachen kämpfte.

Die Beerbacher Sage erzählt, dass ein fürchterlicher Lindwurm mit einem großen Appetit auf Mädchenfleisch im Katzenborn hauste. Diese Sage ist laut von den Gebrüdern Grimm unter dem Titel „Der Lindwurm am Brunnen“ bereits 1816 in ihren „Deutschen Sagen“ (Nr. 219) erwähnt worden. Also haben die Gebrüder Grimm tatsächlich Sagen aus der Gegend gesucht und gefunden – allerdings eine andere als erwartet. Und die Sage von Ritter Schorsch (der bei ihnen Hans heißt), hat nichts mit einem wiedererweckten Monster zu tun …

219. Der Lindwurm am Brunnen

Zu Frankenstein, einem alten Schlosse anderthalb Stunden weit von Darmstadt, hausten vor alten Zeiten drei Brüder zusammen, deren Grabsteine man noch heutigentags in der Oberbirbacher Kirche siehet. Der eine der Brüder hieß Hans, und er ist ausgehauen, wie er auf einem Lindwurm steht. Unten im Dorfe fließt ein Brunnen, in dem sich sowohl die Leute aus dem Dorf als aus dem Schloß ihr Wasser holen müssen; dicht neben den Brunnen hatte sich ein gräßlicher Lindwurm gelagert, und die Leute konnten nicht anders Wasser schöpfen als dadurch, daß sie ihm täglich ein Schaf oder ein Rindvieh brachten; solang der Drache daran fraß, durften die Einwohner zum Brunnen.

Um diesen Unfug aufzuheben, beschloß Ritter Hans den Kampf zu wagen; lange stritt er, endlich gelang es ihm, dem Wurme den Kopf abzuhauen. Nun wollte er auch den Rumpf des Untiers, der noch zappelte, mit der Lanze durchstechen, da kringelte sich der spitzige Schweif um des Ritters rechtes Bein und stach ihn gerade in die Kniekehle, die einzige Stelle, welche der Panzer nicht deckte. Der ganze Wurm war giftig, und Hans von Frankenstein mußte sein Leben lassen. (Quelle: zeno.org)

Der Bericht über Ritter Schorsch und die Förstertochter Annemarie war von **Albert Ludwig Grimm** in seinem Werk zu „Vorzeit und Gegenwart an der Bergstraße, dem Neckar und im Odenwald" 1822 als Gedicht erschienen. Auch **Ludwig Bechstein** erwähnte die Sage in seinem „Der Lindwurm auf Frankenstein" („Deutsches Sagenbuch", 1853). Dort ist allerdings nur die Rede von dem Ritter, der den Lindwurm erschlug, weil er die Leute davon abhielt, Wasser vom Brunnen zu holen. Die holde Maid taucht hier nicht auf.

Erst der Nieder-Beerbacher Pfarrer und Historiker **Dr. Heinrich Eduard Scriba**, der die bisherigen Darstellungen nicht korrekt empfand, schrieb die Sage dann 1853 in seiner „Geschichte der ehemaligen Burg und Herrschaft Frankenstein und ihrer Herrn" ausführlich nieder. Hier tötete der Junker Georg von Frankenstein den wütenden Drachen, der ihn jedoch wiederum mit seinem Gift tötete. Als Anne-Mariechen, die Geliebte des tapferen Helden, sieht, dass der edle Ritter tot ist, nimmt sie sich selbst verzweifelt das Leben.

Fazit

Offenbar gibt es keinen Beleg über eine Frankensteinähnliche Sage, die Marys Stiefmutter für die Gebrüder Grimm übersetzt hatte. Theoretisch hätte Mary Shelley natürlich alle möglichen Sagen und Legenden aus den Büchern der Brüder Grimm kennen können, die vielleicht Teil der väterlichen Bibliothek waren. Oder sie hat von der Legende über einen Leichenfledderer während ihrer Besuche in Deutschland aus den Berichten der Einheimischen erfahren?! Leider gibt es für diese Erzählung also auch keine Belege.

Wie erklärt die Gemeinde Mühltal den Zusammenhang zwischen Dr. Frankenstein und Dippel?

Die Gemeinde berichtet, dass ganze Touristenscharen nach Spuk und Schätzen auf der Burg suchen, dass aber bislang noch niemand fündig geworden ist. Außerdem betont sie, dass es auf der Burg nie einen Doktor Frankenstein gegeben hat und die Geschichte nur Fiktion ist – das ist natürlich allgemein bekannt. Zudem wurde historisch geprüft, ob andere Alchimisten sich auf der Burg aufgehalten haben und solche Experimente unternommen hätten – dies lässt sich jedoch historisch nicht belegen.

Auch wird nochmals betont, dass Mary Shelley bei ihrer Schiffsreise auf dem Rhein mitten in der Nacht und in rund 20 km Entfernung an der Burg vorbeigekommen sei und daher keine Chance gehabt hatte, die Burg vom Schiff aus wahrzunehmen. Damals waren die heute gut sichtbaren Türme nämlich halb zerfallen und außerdem war die gesamte Burg von einem dichten Wald mit hohen Bäumen umgeben.

Die Gemeinde bringt eine neue Vermutung ins Spiel, wie Mary Shelley auf den Namen Frankenstein kam (sofern sie nicht den Namen bei der Reise aufgeschnappt hatte, was ja bei einer so belesenen und interessierten Frau nicht ausgeschlossen ist!). Immerhin heißt zwar der Arzt im Roman Viktor Frankenstein, aber die Burg selbst wird dort weder erwähnt noch mit Namen genannt.

Die Herkunft des Namens wird von der Gemeinde so begründet, dass Mary Shelley sich ein Wortspiel mit dem Wissenschaftler Benjamin Franklin erlaubt hat, der damals bekanntermaßen elektrische Experimente durchgeführt hat.

Selbstverständlich kann dies auch nur eine Vermutung sein, da Mary Shelley so etwas nie selbst behauptet hat. Und Schriftsteller können ihre Inspirationen und Anregungen, die sie laufend sammeln, auch meist hinterher nicht mehr explizit begründen. Daher wäre es müßig, die Autorin posthum auf diese Vermutung festzunageln.

Wodurch wurde Mary Shelley tatsächlich zu dem Roman inspiriert?

Die bisherigen Informationen waren also leider zwar interessant, aber nicht belegbar. Dennoch gibt es Hinweise darauf, was Mary Shelley tatsächlich auf ihre Idee zu Frankenstein gebracht hat …

Dazu muss man zwei Dinge berücksichtigen: zum einen die Zeit, in der sie gelebt hat und zum anderen ihre wissenschaftliche Neugier. Das bedeutet, sie lebte in einer Ära, in der die ersten Wissenschaftler gerade die Elektrizität entdeckt hatten und Ärzte in der Tat mit Tieren oder Leichen, aber auch mit lebenden Menschen experimentierten! Für sie muss das alles sehr neu und aufregend gewesen sein.

Aufgrund ihrer Wissbegier und ihrer Freude am Lesen, sowie der umfangreichen Bücherei ihres Vaters und dessen Umgang mit Intellektuellen, war es für sie recht unproblematisch, an die unterschiedlichsten Informationen zu allen möglichen brisanten Themen zu kommen.

Konnte Mary Shelley durch Dippels Werke angeregt worden sein?

Leider ist es heute nicht mehr feststellbar, welche Bücher Bestandteil der Bibliothek ihres Vaters waren oder welche Werke Mary Shelley auf anderem Weg (von ihren Freunden ausgeliehen) erhalten und gelesen hat. Daher lässt sich auch schwer beurteilen, wodurch genau sie inspiriert wurde. Hier könnte sie nicht nur die Werke Dippels, sondern alle möglichen anderen wissenschaftlichen Werke entdeckt und gelesen haben.

Pro: Immerhin besteht die Möglichkeit, dass sie die Werke Dippels gekannt hat und daher bei den Besuchen in der Gegend um die Burg Frankenstein vielleicht die eine oder andere Information über ihn erfragt hat.

So waren weder ein Besuch auf der Burg noch ein spezieller Hinweis im Reisetagebuch notwendig. Denn diese Werke und Gedanken waren bei ihr ohnehin in ihrem Allgemeinwissen bereits präsent. Daher konnte sie sie auch relativ schnell abrufen, als sie am Genfer See mit ihren Literatenfreunden über das künstliche Leben diskutierte.

Contra: Skeptiker schließen einen Zusammenhang zwischen Dippel und Frankenstein allerdings schon deshalb aus, weil Dippel mit der Burg selbst nichts zu tun hatte. Er besaß zwar ein alchemistisches Labor, das sich allerdings in einem Tal in der Umgebung befand.

Über Experimente mit Leichen, so die Skeptiker, sei nichts bekannt. Die Begründung: viele seiner Aufzeichnungen sind immer noch erhalten und dort gibt es keine Hinweise auf Versuche mit Leichen ... Möglicherweise könnte er allerdings mit toten Tieren Experimente durchgeführt haben.

Aber: Wenn man wie ein Autor denkt, dann müssen Inspirationen nicht logisch und linear erfolgen. Verschiedene Ideen, Gedanken und Impulse von überall her können hier zusammenspielen.

Es reicht, wenn sie Dippel als Alchemisten interessant gefunden hat, die Burg Frankenstein gruselig genug für ihre Idee gewesen wäre, um zumindest den Namen zu verwenden, und dann einfach den Rest aus ihrem damaligen angelesenen Wissen dazu gepackt hat ... Dafür gibt es nämlich Beweise, wie wir gleich sehen werden.

Dazu kommt, dass fehlende Aufzeichnungen zwar immer ein K.O.-Kriterium dafür sind, wenn man hieb- und stichfeste Beweise haben möchte. Aber manchmal ist es auch so, dass man absichtlich keine Dokumente darüber findet, weil niemals jemand von solchen Experimenten erfahren soll.

Also würde jemand, der Leichen klaut, um aus ihnen einen Menschen zu basteln, wohl sehr vorsichtig damit sein, diese Dinge auch noch aufzuschreiben, um dafür später zum Tode verurteilt zu werden ...

Übrigens gab es bereits ältere Werke, die sich zwar nicht mit der Elektrizität aber mit der Erschaffung von Menschen beschäftigen. Denn der Schweizer Arzt und Alchemist **Paracelsus** (1493 – 1541) hat in seinem Werk „De natura rerum (1538)“ beschrieben, wie man den künstlichen Menschen **„Homunculus“** züchtet.

Die Erschaffung von Menschen als Idee wäre also nicht ganz neu gewesen. Sie war in der Alchemie weit verbreitet, da man annahm, dass in einer organischen Materie ein Seelenstoff enthalten war, aus dem sich neues, allerdings künstliches, Leben gewinnen ließe.

Sogar Goethe hat in seinem Faust auf die Destillation des Homunkulus in einem Kolben angespielt (Faust II. Zweiter Akt, Laboratorium. 1832.) Faust erschien allerdings erst nach Frankenstein, sodass dies für Mary Shelleys Werk keine Rolle spielte. Dafür aber andere Wissenschaften!

Abb. 26: Paracelsus (Theophrastus Bombast von Hohenheim), Kupferstich von Augustin Hirschvorgel, 1540.

Welchen Einfluss hatte Mary Shelleys Beschäftigung mit der damaligen Wissenschaft?

Hier kommen wir zum eigentlichen Knackpunkt, der einen zumindest sehr wahrscheinlichen Auslöser für den Kern ihres Romans war. Denn Mary Shelley beschäftigte sich intensiv mit dem Magnetismus und seiner Verbindung zur Elektrizität.

Zu ihrer Zeit wurde die belebte Materie oder der Seelenstoff in der organischen Materie auch unter Ärzten diskutiert. Ein Vertreter war beispielsweise **John Abernethy** (1764 – 1831), ein bekannter englischer Chirurg und Anatom, der am „Royal College of Surgeons" in London als Professor arbeitete.

Einer seiner bekannten Kollegen war der **Chemiker Sir Humphry Davy** (1778 – 1829), der ebenfalls von 1802 bis 1812 am „Royal College of Surgeons" unterrichtete. Er hörte mit dem Unterricht auf, als er 1812 in den Adelsstand erhoben wurde.

Sir Humphry Davy

Davy war der Vater der modernen Elektrochemie, da er erstmals einige Elemente durch die Elektrolyse geschmolzener Alkalien darstellte. Er war übrigens auch der Erfinder des Lachgases und arbeitete mit Thomas Beddoes in dessen „Pneumatischem Institut", in dem die Heilwirkung von Gasen untersucht wurde.

Von 1820 bis 1827 war er der Präsident der Royal Society und einer der einflussreichsten Wissenschaftler Englands. Allerdings war seine Gesundheit aufgrund der vielen Experimente mit giftigen Stoffen schwer angegriffen und er starb im Alter von nur 50 nach zwei Schlaganfällen in Genf.

Einer seiner Assistenten war der später berühmte Naturforscher und Experimentalphysiker **Michael Faraday** (1791 – 1867), der die elektromagnetische Rotation und Induktion entdeckte und damit den Weg für die Elektroindustrie bereitete. Sein „Faradayscher Käfig" ist auch heute noch Bestandteil jedes Physikunterrichts.

Auch Davy schlug vor, dass es eine Lebenskraft gab, die der Hitze oder Elektrizität ähnelte. Mary Shelley hat gemeinsam mit ihrem Vater Davys Vorlesungen in der Royal Institution in London besucht (!). Während ihrer Arbeit an „Frankenstein" notierte sie in ihrem Tagebuch, dass sie aktuell Davy's „Elements of Chemical Philosophy" las.

Abb. 27: Royal Institution of Great Britain, London, 1838, Gemälde von Thomas Hosmer Shepherd (1793 – 1864).

Erasmus Darwin

Mary Shelley hat sich auch mit Erasmus Darwin (1731-1802) befasst, den sie sogar namentlich erwähnt. Charles Darwin, Erasmus' Enkel, von dem die Evolutionstheorie stammt, hat in seinem Werk „Über die Entstehung der Arten“ geschrieben:

„Wenn die Nerven und Muskeln eines Thieres durch Galvanismus oder durch Absorption von Strychnin gereizt werden, so kann man die darauf folgenden Bewegungen zufällige nennen; denn die Nerven und Muskeln sind nicht speciell empfindlich für diese Reize gemacht worden.“

Mary vermutete jedoch, dass man eine Leiche mittels Galvanismus wiederbeleben könnte.

Johann Wilhelm Ritter

Johann Wilhelm Ritter (1776-1810) war ein deutscher Philosoph und Physiker. Als Naturforscher war er so bekannt, dass sogar Alexander von Humboldt, Brentano, Goethe und Herder ihn schätzten. Ihm haben wir die Entdeckung der UV-Strahlung und die Erfindung des Akkumulators („Rittersche Ladungssäule") zu verdanken.

Davy verfolgte interessiert die Arbeit seines deutschen Kollegen, der 1797 vor der Naturforschenden Gesellschaft in Jena einen Vortrag über den Galvanismus hielt und seine bis dato erreichten Forschungsergebnisse. Daraus resultierte ein Jahr später auch sein Werk „Beweiß, dass ein beständiger Galvanismus den Lebensproceß in dem Thierreiche begleite."

1804 wurde er von der Bayerischen Akademie der Wissenschaften aufgenommen. Danach gingen seine Forschungen in die Richtung der Elektrometrie (Rutengängerei), woraufhin er 1808 ein Werk über Siderismus veröffentlichte. Er starb mit nur 33 Jahren, da sein Körper geschwächt war von seinen galvanischen Selbstversuchen.

Autor Richard Holmes über Johann Wilhelm Ritter

Holmes hat in seinem Buch „The Age of Wonder" die Wissenschaft der damaligen Zeit und ihre Errungenschaften beleuchtet. Dabei geht er unter anderem auch auf Johann Wilhelm Ritter ein.

Er ist der Ansicht, dass zwar unklar ist, woher genau Mary ihre Inspirationen hatte, dass aber die Figur des Frankenstein gleich für eine ganze Generation von Wissenschaftlern wie Priestly, Cavendish, Davy, Aldini oder William stehen könnte. Da ihre Figur eine europäische Figur ist (Viktor Frankenstein, Ingolstadt), sieht er als deutsche Vorlage **Johann Wilhelm Ritter**.

Dessen Arbeit war auch in England bekannt, da er sich beispielsweise mit der Verbesserung der voltaischen Batterie und der Entwicklung der Trockenzellen-Speicherbatterie (eigentlich Davys Ressort) befasste sowie die UV-Strahlung entdeckte – als Fortführung von Herschels Arbeit über die Infrarotstrahlung der Sonne. Außerdem führte er verschiedene galvanische Experimente an Tieren durch, die auch in der Royal Society bekannt waren, aber dort nur für Kopfschütteln sorgten.

Holmes berichtet darüber, dass der Chemiker **Richard Chenevix** von der Royal Society auch in deutschen Städten unterwegs war und von seinem Besuch aus Leipzig an seine Kollegen schrieb, dass Ritter mit seiner riesigen Spannungsbatterie großartige Ergebnisse erzielte.

Außerdem wies er darauf hin, dass besonders Davy an diesen Experimenten interessiert sein dürfte. Später legt er jedoch nach, dass bei den Experimenten irgendetwas vorgefallen sein muss, denn er wollte die Experimente nicht beschreiben und betont, dass er nicht sagen könne, ob ein Trick dahinter steckt.

Später wird klarer, was er damit gemeint haben könnte. Denn es stellt sich heraus, dass Ritter nach seinem Umzug nach München unter den Einfluss von **Franz von Baader** geriet. Zunächst ging es dabei um Experimente mit dem Wünschelrutengehen, später um die Wiederbelebung toter Tiere durch Elektrizität. Für dieselben Versuche mit Menschen liegen allerdings keine sicheren Beweise vor.

Da Ritter unterstellt wird, dass seine geistige Stabilität langsam dahinschwand, ist die Vermutung jedoch nicht allzu absurd. Ritter zog sich komplett von Familie und Freunden zurück und arbeitete fast nur noch im Labor. Sein Ende war traurig. Holmes sagt *„Finally, his promising career was destroyed, and he died penniless and insane in 1810, aged thirty-three."* (Schließlich war Ritters vielversprechende Karriere zerstört und er starb mittellos und wahnsinnig im Jahr 1810, im Alter von 33 Jahren.)

Holmes bringt außerdem einen interessanten Aspekt mit ins Spiel, wenn er schreibt: *„Ritter's tragic story was clearly known to Banks, to Davy, and very probably to Lawrence after his time in Göttingen with Blumenbach. Whether it was known to Dr. Polidori, and whether it was he* *who told it to the Shelleys in 1816, is speculation."* (Ritters Geschichte war seinen Kollegen also sehr wohl bekannt und man könnte spekulieren, dass auch Dr. Polidori sie kannte und Mary Shelley davon berichtete.)

Dr. John William Polidori (1795 – 1821)

Dr. Polidori war ein englischer Schriftsteller sowie Reisebegleiter von Lord Byron. Johns Vater Gaetano war ein italienischer Exilpolitiker und Wissenschaftler. Er besuchte das Ampleforth College sowie die University of Edinburgh, wo er 1815 seinen Doktortitel erhielt. Sein Promotionsthema war eine These zum Schlafwandeln. Ein Jahr nach seinem Abschluss begann er als Leibarzt bei Lord Byron zu arbeiten und begleitete ihn auch auf seinen Reisen.

Er war in der Nacht ebenfalls am Genfersee anwesend, als bei dem Schreibwettbewerb die Geschichte von Frankenstein entstand. Wikipedia erwähnt über die berühmte Nacht, dass die illustre Gesellschaft ganz spezielle Gesprächsthemen hatte, als sie während des ausdauernden Regens in der Villa Dodoti festsaßen:

„Man vertrieb sich die Zeit durch Gespräche, unter anderem über den Naturphilosophen und Dichter Erasmus Darwin, dem man nachsagte, er habe in Experimenten tote Materie belebt, sowie über Galvanismus und über die Möglichkeit, künstliches Leben zu schaffen."

Seine Schwester bearbeitete seine Tagebücher, die er 1816 geschrieben hatte, die aber erst lange nach seinem Tod (1911) veröffentlicht wurden. Das Vorwort dazu stammte von seinem Neffen William Michael Rossetti, der erst lange nach seinem Tod geboren wurde. Dabei geht er auch darauf ein, dass Polidori Selbstmord beging, da er keine Ahnung hatte, wie er seine hohen Spielschulden hätte bezahlen sollen. Die offizielle Version lautete jedoch, dass er an einer natürlichen Todesursache gestorben sei:

„In August 1821 he committed suicide with poison-having, through losses in gambling, incurred a debt of honour which he had no present

means of clearing off. That he did take poison, prussic acid, was a fact perfectly well known in his family; but it is curious to note that the easy-going and good-naturedly disposed coroner's jury were content to return a verdict eliciting any distinct evidence as to the cause of death, and they simply pronounced that he had „died by the visitation of God."

Fazit

Es ist also bereits sicher, dass Davy die Experimente und Lebensgeschichte Ritters kannte und dass Mary Shelley wiederum seine Werke las. Interessant ist aber der Querverweis darauf, dass auch Dr. Polidori, der Leibarzt von Lord Byron die Geschichte an jenem ausschlaggebenden Abend am Genfer See zum Besten gegeben haben könnte. Beziehungsweise in den vielen Gesprächen, die er während Marys Aufenthalt in der Villa mit ihr geführt hatte.

Der Gedanke klingt durchaus plausibel. Schließlich wussten alle namhaften Ärzte über die interessanten Versuche Bescheid, die auch an der Royal Society kursierten. Es wäre also fast schon verwunderlich, wenn ein Arzt von Polidoris Rang, der dazu noch laufend mit Lord Byron durch die ganze Welt reiste, noch keine Kenntnisse darüber gehabt hätte.

Und damit würde sich ganz natürlich der Kreis schließen – ohne Dippel, ohne die Gebrüder Grimm, aber mit einer jungen Schriftstellerin, die extrem interessiert die neusten Erkenntnisse der Naturwissenschaft verfolgte und nachweislich die Schriften Davys las, der sich auf Ritter bezog. Ritter stellt daher sogar ein wesentlich besseres Vorbild für Viktor Frankenstein dar als Dippel.

Wissenschaftliche Vorlage für den Roman – Galvanismus

Wie wir gesehen haben, begannen zu Shelleys Lebzeiten die Wissenschaftler mit der Untersuchung verschiedener Anwendungen der

Elektrizität. Damals wurde in London auch mit elektrischen Therapien an lebenden Personen experimentiert.

Und wie bereits erwähnt, interessierte sich Mary Shelley für den Galvanismus und die Elektrizität und verfolgte dies auch in wissenschaftlichen Abhandlungen (Davy), über die sie sich mit ihren Freunden (auch in der besagten Nacht in Genf) unterhielt.

Welche interessanten Wissenschaftler und Erfindungen spielten dabei eine Rolle?

Luigi Galvani

Luigi Aloisio Galvani (1737 – 1798) war Arzt, Anatom und Naturforscher im Bereich der Biophysik. Er studierte zunächst Theologie, dann Medizin und entdeckte durch Zufall im November 1780 den nach ihm benannten **Galvanismus**.

Er war dabei, die Kontraktion von Muskeln in Froschschenkeln zu untersuchen, wenn sie mit Eisen oder Kupfer in Berührung kommen. Dadurch stellte er unbeabsichtigt einen Stromkreis her, der später von seinem Kollegen Alessandro Volta weiter untersucht wurde. Bezüglich des Froschschenkels fiel Galvani auf, dass dieser immer zu zucken begann, wenn ein Funke einer Hochspannungsmaschine übersprang. Dabei ist allerdings anzumerken, dass der Froschschenkel dabei mit einer Messerklinge Kontakt hatte.

Basierend auf den Forschungen von Benjamin Franklin und seinen Blitzableiterversuchen stellte Galvani weitere Experimente an, indem er folgenden Stromkreis herstellte: Er führte einen Draht vom Hausdach zum Froschschenkel und einen vom Froschschenkel in den Brunnen. Immer, wenn bei einem Gewitter ein Blitz zuckte, bewegte sich auch der Froschschenkel.

Alessandro Volta

Alessandro Giuseppe Antonio Anastasio Volta (1745-1827) war ein italienischer Physiker, der die elektrische Batterie erfunden und die Elektrizitätslehre mit begründet hat. Er hat 1783 auch das Elektroskop erfunden, mit der er selbst kleinste Elektrizitätsmengen messen konnte. Ungefähr im Jahr 1800 konstruierte er die sogenannte Voltasche Säule, die Vorform der Batterie. 1791 wurde er Mitglied der Royal Society.

Benjamin Franklin

Benjamin Franklin (1706 – 1790) war nicht nur einer der Gründerväter der USA, sondern auch ein Schriftsteller, Naturwissenschaftler und Erfinder. Er betätigte sich zwischen 1744 und 1751 hauptsächlich als Erfinder und unternahm diverse Experimente. Darunter auch Forschungen zur Elektrizität mit einer frühen Form eines **Kondensators**.

Danach folgten Experimente zur elektrischen Ladung. Dabei erfand er unter anderem den **Blitzableiter**. Denn er stellte fest, dass die von ihm untersuchten elektrostatischen Entladungen Blitzen ähnelten. Und auch, dass die elektrischen Ladungen von Metallspitzen angezogen wurden.

Giovanni Aldini – der „Frankenstein von Bologna"

Giovanni Aldini (1762-1834) war der Neffe von Luigi Galvani. Der italienische Physiker beschäftigte sich mit dem Galvanismus und dessen medizinischen Anwendungen sowie mit der Konstruktion von Leuchttürmen. Seine Versuche mit Tieren führte er auch öffentlich vor. Das Hauptziel, zu dem er ganz offen stand, war jedoch die Wiederbelebung toter Menschen. Er hat auch ganz offen damit experimentiert und sich an den Leichen der Gehängten oder Geköpften versucht. Tatsächlich sind auch zwei Namen verurteilter Mörder bekannt, an denen er Versuche vorführen durfte.

Diese finden sich im **Newgate Calendar**, der die Geschichten aller bekannten und unbekannten Kriminellen des 18. und 19. Jahrhunderts erzählt. Er enthält ihre Biografien und ihr meist unrühmliches Ende. Es gibt verschiedene Varianten des Kalenders (der immer wieder aktualisierte wurde). Und genau hierin ist auch erwähnt, mit welcher Leiche Aldini erwiesenermaßen experimentierte und sogar von einer erfolgreichen Wiederbelebung durch einen anderen Mediziner.

1. Georg Foster, zum Tode verurteilt für den Mord an seiner Frau und seinem Kind (durch Ertränken im Kanal) und am 18.01.1803 im Newgate Gefängnis hingerichtet (erhängt).

Der Newgate Calendar berichtet, dass er schnell starb und nach der üblichen Zeit abgeschnitten und in ein nahegelegenes Haus überführt wurde, wo er von Professor Aldini (unter der Aufsicht von Mr. Keate, Mr. Carpue und einigen anderen Profis), einem galvanischen Prozess unterzogen wurde. Aldini stellte hier die überlegenen Kräfte des Galvanismus vor, der besser als jede andere natürliche Stimulanz funktioniert.

Schon bei der ersten Anwendung begann der Kiefer des Toten zu zucken, die Muskeln verzerrten sich und ein Auge öffnete sich. Danach erhob der Tote die rechte Hand und ballte sie zur Faust. Auch Beine und Oberschenkel bewegten sich. Mr. Pass, der anwesende Büttel, war davon so schockiert, dass er kurz nach seiner Rückkehr nach Hause vor Entsetzen starb.

Der Kalender erwähnt auch, dass einige der unwissenden Zuschauer dachten, der Mann stünde kurz vor seiner Wiedererweckung, doch das war unmöglich. Angeblich waren mehrere seiner Freunde unter dem Schafott gestanden und hatten ihn brutal an den Beinen gezogen, um seinem Leiden schneller ein Ende zu setzen. Doch bei diesem Versuch hatte die Demonstration der Erregbarkeit der menschlichen Gestalt im Fokus gestanden.

Allerdings sollte es möglich sein, nach dem Ertrinken oder Ersticken die Lungentätigkeit dadurch wiederherzustellen. Und darüber hinaus würde die Elektrizität (der Galvanismus) bei Schlaganfällen oder Störungen im Kopf äußerst positive Auswirkungen haben. Daher hatte Aldini auch einige Fälle von Wahnsinn galvanisch behandelt – mit vollem Erfolg!

2. Patrick Redmond, gehängt wegen Straßenräuberei am 24.02.1767.

Dieser Räuber war zwar ein Versuchsobjekt vor Georg Foster, wird aber im Kalender nur als Notiz unter der detaillierten Fallabwicklung erwähnt. Er wurde auch nicht durch Galvanismus gerettet. Von ihm wird berichtet, dass er 28 Minuten gehangen hatte, als der Mob den Leichnam abhängte und ihn zu einem Chirurgen brachte, der versuchte, ihn mit einer Bronchotomie wiederzubeleben. (Bei der Bronchotomie wird ein Schnitt in die Luftröhre gemacht).

Und tatsächlich hätte die Maßnahme nach 6 Stunden Erfolg gehabt. Rasch sammelte man für Patrick, um eine Begnadigung zu erwirken. Doch das Gesetz verlangt, dass der Verurteilte gehängt werden muss, bis er tot ist. Da Patrick wiederbelebt worden war, musste er erneut gehängt werden ...

Fazit

Bei der großen Auswahl eindeutig elektrischer Experimente mit Leichen, die auch namhaften Ärzten bekannt waren und die auch zu Lebzeiten Mary Shelleys publiziert und ihr zugänglich waren, sollte man die Inspiration für ihren Frankenstein lieber darin suchen, als mit Gewalt die Burg Frankenstein und den Alchemisten Dippel als Vorlage zu bemühen.

Es ist recht beeindruckend, welche Blüten die Wissenschaft damals schon getrieben hat. Heute hat sich immerhin dadurch der Defibrillator entwickelt, der bei einem Herzstillstand zum Einsatz kommt.

Doch die moderne Medizin geht heute noch viel weiter, wenn wir an Kryotechnik oder den Transfer von Informationen direkt von Gehirn zu Gehirn betrachten – oder das Experiment mit der Kopfverpflanzung! Dies soll jedoch hier nicht weiter vertieft werden, da es nicht Gegenstand des Themas Frankenstein ist. Er war nur eine Fiktion, aber stand in der Tat für viele Wissenschaftler jener Ära!

Frankenstein: Die tragische Filmfigur

Frankensteins Monster eroberte, wen wundert's, auch die Populärkultur: Viele Geschichten rankten sich um den berühmten Untoten, sogar Comics gab es zuhauf, wie auch die gruseligen Geschichten um Dr. Adam Spector, dem Geisterjäger, der es in seinen schauerlichen Abenteuern neben Vampiren auch mit Frankensteins Monster zu tun bekam.

Viel früher erkannte die Filmwelt das extrem hohe Unterhaltungspotential von Frankensteins Monster. Der englische Theater- und Filmschauspieler Boris Karloff wurde durch die Rolle des Monsters weltberühmt.

Bereits 1931 glänzte er durch seine imposante Erscheinung in dem Erstling „Frankenstein“: Wissenschaftler Herbert von Frankenstein stiehlt mit Assistent Fritz Leichen, um aus toter Materie Leben zu schaffen. Mittels elektrischer Ladungen erweckt er ein Geschöpf enormer Größe und Hässlichkeit zum Leben, das, weil Fritz ein Gehirn vertauscht hat, ein anormales Hirn besitzt.

Anschließend flieht das Monster aus Frankensteins Turm. Als ein Mädchen ertrunken in einem See aufgefunden wird, verfolgen die Dorfbewohner das Monster bis zu der Mühle, in die es seinen Schöpfer geschleppt hat, und zünden die Mühle an. Der Film endet mit der in Flammen stehenden Mühle.

Besonders tragisch wird dem Zuschauer der Frankenstein-Reihe gezeigt, dass das Monster einsam und tief traurig ist. Es tötet daher nicht aus Mordlust, sondern aus Wut und Verzweiflung. Es sehnt sich nach

Gesellschaft und Anerkennung, doch die Menschen in ihrer Grausamkeit und Abscheu sind die eigentlichen Bestien.

Der „Master of Horror", wie er auch genannt wurde, hieß eigentlich William Henry Pratt und war vor Frankenstein lediglich als Statist und Kleindarsteller unterwegs. Den Namen Boris Karloff übernahm er später, weil ihm sein Schauspielkollege Lon Chaney dazu geraten haben soll und Namensänderungen in Hollywood sehr beliebt waren. Zudem sollte der Name seinen düsteren Charakter unterstreichen, den er durch sein markantes Äußeres besaß. Der Name Karloff soll angeblich auf slawische Vorfahren seiner Mutter verweisen.

Als Carl Laemmle, Studioboss der Universal Studios, Karloff die Rolle des Monsters anbot, war das der Beginn einer interessanten Karriere. Es folgten neben den Fortsetzungen „Frankensteins Braut" im Jahre 1935 und „Frankensteins Sohn" in 1939 zahlreiche Filme, zumeist waren es Horrorfilme. Besonders bekannt war Karloff auch in der Rolle des Untoten Im-ho-tep (Imhotep) in dem 1932 entstandenen Schocker „Die Mumie" (The Mummy).

Es folgten im Laufe der Jahre viele Verfilmungen des Romans, doch sie alle zu beschreiben, würde den Rahmen dieser doch kurzen Abhandlung sprengen. Besonders zu erwähnen wäre hier stellvertretend der sehr intensive Film „Mary Shelley's Frankenstein" mit Kenneth Branagh und Robert de Niro als das Monster aus dem Jahr 1994.

Letztendlich ist und bleibt Karloff mit dem Film Frankenstein wohl eines der unvergesslichsten Monster der Leinwandgeschichte. Die Darstellung der mitleiderregenden Kreatur wurde von Regisseur James Whales meisterhaft umgesetzt und ist bis heute sehenswert.

Teil 4

Zombies: Lebende Tote im Wandel der Zeit

2

---

[2] OpenClipart-Vectors, Pixabay

Manchmal kommen sie wieder: Die Angst vor den Untoten

Als Zombie wird ein zum Leben erweckter Toter (Untoter) oder ein seiner Seele beraubtes, willenloses Wesen bezeichnet. Der Begriff leitet sich offenbar von dem Wort „Zumbi“ aus einer zentralafrikanischen Sprache ab und bezeichnet ursprünglich einen Totengeist. Aber gibt es lebende Tote wirklich? Was sagt die Wissenschaft dazu?

Bereits in der **Bibel** findet man die Untoten, beispielsweise beim Propheten Hesekiel (HES 37,1-14), der darüber berichtet, wie Israel, das Totenfeld, wieder durch Gottes Odem lebendig wird:

„Des HERRN Hand kam über mich, und er führte mich hinaus im Geist des HERRN und stellte mich mitten auf ein weites Feld; das lag voller Totengebeine. Und er führte mich überall hindurch. Und siehe, es lagen sehr viele Gebeine über das Feld hin, und siehe, sie waren ganz verdorrt.

Und er sprach zu mir: Du Menschenkind, meinst du wohl, dass diese Gebeine wieder lebendig werden? Und ich sprach: HERR, mein Gott, du weißt es. Und er sprach zu mir: Weissage über diese Gebeine und sprich zu ihnen: Ihr verdorrten Gebeine, höret des HERRN Wort! So spricht Gott der HERR zu diesen Gebeinen: Siehe, ich will Odem in euch bringen, dass ihr wieder lebendig werdet. Ich will euch Sehnen geben und lasse Fleisch über euch wachsen und überziehe euch mit Haut und will euch Odem geben, dass ihr wieder lebendig werdet; und ihr sollt erfahren, dass ich der HERR bin.

Und ich weissagte, wie mir befohlen war. Und siehe, da rauschte es, als ich weissagte, und siehe, es regte sich und die Gebeine rückten zusammen, Gebein zu Gebein. Und ich sah, und siehe, es wuchsen Sehnen und Fleisch darauf und sie wurden mit Haut überzogen; es war aber noch kein Odem in ihnen. Und er sprach zu mir: Weissage zum Odem; weissage, du Menschenkind, und sprich zum Odem: So spricht Gott der HERR: Odem, komm herzu von den vier Winden und blase diese Getöteten an, dass sie wieder lebendig werden! Und ich weissagte, wie er mir befohlen hatte. Da kam der

Odem in sie, und sie wurden wieder lebendig und stellten sich auf ihre Füße, ein überaus großes Heer.

Und er sprach zu mir: Du Menschenkind, diese Gebeine sind das ganze Haus Israel. Siehe, jetzt sprechen sie: Unsere Gebeine sind verdorrt, und unsere Hoffnung ist verloren, und es ist aus mit uns. Darum weissage und sprich zu ihnen: So spricht Gott der HERR: Siehe, ich will eure Gräber auftun und hole euch, mein Volk, aus euren Gräbern herauf und bringe euch ins Land Israels. Und ihr sollt erfahren, dass ich der HERR bin, wenn ich eure Gräber öffne und euch, mein Volk, aus euren Gräbern heraufhole. 14 Und ich will meinen Odem in euch geben, dass ihr wieder leben sollt, und will euch in euer Land setzen, und ihr sollt erfahren, dass ich der HERR bin. Ich rede es und tue es auch, spricht der HERR.“

Im **Mittelalter** hatten die Menschen besonders oft Angst, dass verstorbene Familienmitglieder wieder kommen würden. Meist wurde zu diesem Zweck dem vermeintlichen „Wiedergänger“ ein Pflock in die Brust gestoßen oder ein Stein in den Mund gerammt.

Für nüchterne Zeitgenossen basiert der Zombie-Mythos auf das Missverständnis der Scheintoten bzw. den viel zitierten Geräuschen, die aus Särgen kamen und lediglich Geräusche waren, die der Verwesungsprozess des Körpers verursachte.

In früherer Zeit konnte man mangels entsprechendem Gerät den Scheintod nicht feststellen und damit ein Scheintoter nicht aus Versehen begraben wurde, hatte man oftmals eine Glocke an das Grab gehängt und mit einer Schnur bis in den Sarg befestigt, damit ein vermeintlich aus dem Scheintod Erwachender an der Glocke läuten konnte.

Im Sommer 2011 fanden Archäologen bei Grabungen in Kilteasheen, am Irischen See Lough Key Co Roscommon, zwei mittelalterliche Skelette, denen tatsächlich dicke Steine in die Mundhöhlen gesteckt worden waren. Das Vorgehen war einst ein in ganz Europa verbreiteter zeitgenössischer Brauch, um zu verhindern, dass die so Beerdigten als Vampire, Wiedergänger oder böse Geister zurückkehren konnten.

Wie Forscher um den Archäologen Chris Read vom „Institute of Technology Sligo“ (Irland) herausfanden, wurden die beiden Skelette, das eines Mannes und einer Frau, wahrscheinlich vor rund 1.300 Jahren Seite an Seite auf diese Weise begraben. Ähnliche Skelette wurden schon in vielen anderen Ländern entdeckt, was eine weltumspannende Vorgehensweise belegt.

Eine C14-Datierung schloss die Theorie eines Pest-Grabes von vornherein aus, da die beiden auf die ungewöhnliche Weise begrabenen Skelette auf das 8. Jahrhundert datiert wurden und somit deutlich vor dem bislang nachgewiesenen Auftreten des Vampirglaubens in der europäischen Folklore im 16. Jahrhundert liegt.

Anhand dieser Skelette kann man also davon ausgehen, dass die Grundlage dieses Handelns weniger der Vampirglauben als die schon in der Antike bekannte Vorstellung um die „Wiedergänger“ widerzuspiegeln scheint, wenn von Verstorbenen befürchtet wurde, dass sie als Untote und böse Geister aus dem Grabe auferstehen könnten, um die Lebenden, und im Besonderen ihre einstigen Feinde und Rivalen, zu drangsalieren.

Auch aus **Irland** ist der Glaube an Wiedergänger tatsächlich historisch belegt. Allerdings gibt es auch schon ältere Funde, die den Glauben an die, die Lebenden heimsuchenden Untoten belegen. So wurde im Sommer 2008 in Böhmen ein rund 4.000 Jahre altes Grab entdeckt, in dem der Leichnam zusätzlich mit schweren Steinen auf der Brust beschwert wurde.

Die bislang einzig bekannte westeuropäische Kultur mit ähnlichen Ritualen, war die der keltischen Skoten im Königreich Dalriada, das sich zwischen 300 und 800 über den Norden Irlands und den mittleren Westen Schottlands erstreckte. Noch teilweise bis ins 17. Jahrhundert praktiziert, wurden hier die Leichname vermeintlich als „Dearg-dul“ bezeichneter Wiedergänger mit Steinen beschwert.

Einen ganzen slawischen „Vampir-Friedhof“ aus dem 10. oder 11. Jahrhundert hingegen hatten Archäologen bereits 1966 bei **Čelákovice** (deutsch *Czelakowitz*) vor den Toren Prags ausgegraben. Auch hier waren die Leichen mit schweren Steinen belegt, niedergebunden, oder ihnen Nägel durch die Schläfen getrieben, die Köpfe vom Körper getrennt und nach unten gerichtet worden, um so offenbar die Wiederkehr aus dem Grab auf ewig zu verhindern.

Der Glauben an Zombies ist stark im Voodoo und anderen Yoruba-Religionen vertreten. Besonders in **Haiti** kennt man diese Geschichten. Dem Glauben nach kann ein Voodoo-Priester (Houngan), ein schwarzmagischer Bokor oder eine Priesterin (Mambo) einen Menschen mit einem Fluch belegen, worauf dieser dann scheinbar stirbt (Scheintod). Tage später kann er den Toten dann wieder zum Leben erwecken und ihn als Arbeitssklaven missbrauchen. Diese Zombies nennt man auch *Zombie cadavres*. Sie gelten als absolut willenlos.

Eine verbreitete Idee ist, dass dabei ein Pulver eine wichtige Rolle spielt. Es werde gebraucht, um das Opfer in einen hirntodähnlichen Zustand zu versetzen, etwa vermischt mit Juckpulver auf die Haut des Opfers geblasen, das dann das Gift in kleinen Wunden beim Kratzen aufnimmt. Das Gift ruft schnell krankheitsähnliche Symptome hervor, das Opfer stirbt. In dem Glauben, dass dieser Mensch nun tot sei, werden die Opfer begraben.

Nach einer bestimmten Zeit taucht der Zauberer am Grab auf, wo er sein Opfer ausgräbt und ihm ein Gegenmittel verabreicht. Dieses Mittel soll ein starkes Gift, etwa Atropin, sein, das dem Betroffenen beim Aufwachen seine Sinne und sein Bewusstsein raubt. Der Zombie sei dann seinem Herren hörig und verrichtet ab sofort Schwerstarbeiten.

In Haiti ist die Angst vor solchen Wiederbelebungen ebenfalls noch sehr verbreitet, so dass ein Verstorbener oftmals vergiftet, mit einem

Pfahl erstochen oder zerstückelt wird. Es kommt auch vor, dass die Gräber noch tagelang von Angehörigen bewacht werden.

Die amerikanische Schriftstellerin Zora Hurston hat Haiti mehrfach besucht und sich eingehend mit dem Zombie-Phänomen befasst. Zora Hurston gehört zu den wenigen Menschen aus der westlichen Welt, die einem dieser Untoten von Angesicht zu Angesicht und dokumentiert gegenüberstand.

Dabei handelte es sich um eine junge Frau namens Felicia Felix-Mentor, die 1907 amtlich verstarb und 1936 (!) aufgegriffen wurde, als sie nackt und völlig apathisch eine Straße nahe der Farm ihres Bruders entlang wankte. Der Bruder und seine Frau identifizierten die Kreatur als die junge Frau, die 29 Jahre zuvor beerdigt worden war. Trotz der Identifizierbarkeit wies der Zombie kaum noch menschenähnliche Züge auf. Das Gesicht war kalkweiß, mit toten, starrenden Augen. Ein bis heute umstrittenes Foto dokumentiert die Geschichte Zora Hurstons.

Clairvius Narcisse – der berühmteste Zombie der Welt

Der bekannteste aller Fälle ist jedoch der von **Clairvius Narcisse**, der ein Fernsehstar wurde. Im Jahre 1980 begegnete Angelina Narcisse am Marktplatz von L'Estère, ihren Heimatort, ihren 1962 verstorbenen Bruder Clairvius. Seine Identität wurde auch von anderen Familienmitgliedern bestätigt sowie von mehr als 200 Einwohnern von L'Estère und dadurch, dass er zahlreiche Fragen über seine Kindheit genau beantworten konnte.

Diese außergewöhnliche Episode erweckte großes Interesse bei den Medien, so dass sogar ein Team der BBC aus Großbritannien anreiste, um einen Fernsehfilm zu drehen. das interessanteste daran war, dass es hier einen Zombie gab, der schildern konnte, wie er zu einem solchen geworden war, und was danach mit ihm geschah.

Demnach wurde Clairvius von einem Bokor in einen Zombie verwandelt. Das geschah, indem der Hexer ihm heimlich ein mysteriöses

Gift verabreichte, das anfangs fieberähnliche Symptome hervorrief, und ihn kurz darauf in einen tranceähnlichen Zustand versetzte, in dem er bei vollem Bewusstsein, doch vollständig gelähmt war. Er schien tot zu sein, was auch durch zwei Ärzte bestätigt wurde, weshalb er lebendig begraben wurde. Hiernach wurde er von einem Bokor wieder ausgegraben und mittels weiteren Drogen als Sklave gefügig gemacht.

Der amerikanische Biologe Wade Davis, der damals im Botanischen Museum von Harvard arbeitete, hörte diese erstaunliche Geschichte und wollte die biochemischen Substanzen des mysteriösen Gifts erforschen, das bei der Verwandlung in einen Zombie zum Einsatz kam. Nach einem Besuch auf Haiti, wo er den Betroffenen untersuchen und Proben nehmen wollte, stellte Davis fest, dass das Gift, mit dem das Opfer gelähmt wurde, zwei spezielle Bestandteile enthielt.

Erstens Tetrodotoxin, ein hochwirksames Nervengift, das rasche und umfassende Lähmungserscheinungen verursacht und im Allgemeinen von Kugelfischen gewonnen wird, und zweitens eine Flüssigkeit, die ein starkes Anästhetikum und Halluzinogen enthält und von den Hautdrüsen der äußerst giftigen Aga-Kröte, Bofo marinus, abgesondert wird.

Hintergründe:

Clairvius wurde im Januar 1922 auf Haiti geboren und mithilfe des Zauberpulvers eines Bokors verhext. Er wurde am 30.04.1962 ins Albert Schweitzer Krankenhaus in Deschapelles eingeliefert, wo er begann, Blut zu erbrechen. Außerdem hatte er Fieber und alle Glieder taten ihm weh. Dort ging es mit seinem Gesundheitszustand rapide abwärts, bis er am 02.05.1962 starb.

Zwei Ärzte (ein Amerikanischer und ein Haitianischer) bestätigten seinen Tod und er wurde für 20 Stunden im Kühlraum gelagert, bis er am nächsten Tag auf dem Friedhof L'Estère im Beisein seiner Angehörigen beigesetzt wurde.

Offenbar wurde er später ausgegraben und mittels einer Medizin oder Droge aus dem „gemeinen Stechapfel“ in das zombieähnliche Stadium versetzt, um ihn dann als Arbeiter auf eine Zuckerrohrplantage zu schicken. Stechapfel wirkt halluzinogen und kann einen Gedächtnisverlust verursachen.

Narcisse arbeitete zwei Jahre lang auf dieser Plantage, bis sein Besitzer starb und der Zombie einfach davonlief. Wie der amerikanische Biologe Wade Davis berichtet, kehrte Narcisse nach 18 Jahren wieder in sein Dorf zurück, was ein ganz schöner Schock für die Bewohner war, die ihn zu Lebzeiten gekannt hatten. Immerhin waren sie alle bei seiner Beerdigung dabei gewesen.

Seine Schwester traf ihn auf dem Markt in L'Estère und war verständlicherweise schockiert. Die Identifikation nahm Dr. Lamarque Douyons mithilfe eines Fragenkataloges vor, in dem auch viele Fragen aus seiner Kindheit enthalten waren. Alle Fragen wurden von Clairvius korrekt beantwortet! Dazu kam, dass rund 200 Einwohner von L'Estère bestätigten, dass es sich bei dem Mann tatsächlich um Clairvius handelte.

Im weiteren Verlauf der Untersuchung stellte sich heraus, was mit dem Mann eigentlich geschehen war. Er hatte sich mit seinem Bruder über einen Landbesitz gestritten, woraufhin der Bruder einen Bokor damit beauftragt hatte, seinen Bruder außer Gefecht zu setzen und in einen Zombie zu verwandeln. Gesagt, getan.

Mithilfe des Giftes wurde Clairvius in den komatösen Zustand versetzt, für tot erklärt und begraben. Danach wieder ausgebuddelt, mit Stechapfel abgefüllt und als Zombiearbeiter auf der Plantage entsorgt. Aus den Augen aus dem Sinn.

Offensichtlich war es notwendig, die Droge regelmäßig zu verabreichen oder auch den Zauber aufrecht zu erhalten, um den Zombie in seinem Zustand zu belassen. Als der Bokor starb, hörte der Zauber jedoch auf und Clairvius erlangte zumindest einen Großteil seines Bewusstseins wieder zurück. Dann konnte er sich nach weiteren 16 Jahren auf den Weg nach Hause zu seiner Familie machen.

Schockierend: Clairvius konnte später aussagen, dass er die ganze Zeit über bei Bewusstsein gewesen war und auch hörte, wie der Arzt seinen Tod feststellte oder wie seine Schwester an seinem Totenbett weinte. Doch er war die ganze Zeit über unfähig gewesen, sich zu bewegen oder sich irgendwie bemerkbar zu machen!

Weitere dokumentierte Fälle

Zwei weitere interessante und gut dokumentierte Fälle neben Clairvius Narcisse hat Alexander Gruber für seine Diplomarbeit „Lebende Tote. Zombies und ihr schreckenserregendes Potential in der Mainstream-Kinokultur“ (2013, S. 40) erwähnt.

Frau Nagatte Joseph wurde 1966 im Alter von 60 Jahren wegen einer Landstreitigkeit (genau wie bei Clarivius) getötet und begraben. 13 Jahre später wurde sie in ihrem Heimatdorf auf der Straße gesichtet und eindeutig von einem Polizisten identifiziert.

Auf Haiti dokumentiert der dortige Psychiater Lamarque Douyon, Direktor des psychiatrisch-neurologischen Zentrums Mars and Kline in Port-au-Prince, seit dem Jahr 1961 alle Auferstehungsfälle, um der Zombifizierung auf den Grund zu kommen.

Frau Ti Femme (Francina Illeus) starb am 23.02.1976 an einer nicht geklärten Krankheit. Zunächst wurde sie im Saint-Michel-de-l'Attalaye Krankenhaus behandelt, starb aber kurz darauf nach ihrer Entlassung zu Hause. Drei Jahre später entdeckte man sie auf dem Markt in Ennery und brachte sie in die Klinik von Lamarque Douyon. Anschließend wollte man ihre Leiche exhumieren, fand dort jedoch nur einen mit Steinen gefüllten Sarg vor.

Verschiedene Riten, die den Totenkult betreffen, werden heute noch in Haiti oder im Süden der USA praktiziert. Solche Zeremonien werden größtenteils den Anhängern des Petrokults (eine der Schwarzmagie zugewandten Gruppe des Voodoo) zugeschrieben.

In der Philosophie sind Zombies hypothetische Wesen ohne Bewusstsein, die sich jedoch wie Menschen verhalten. Man unterscheidet Zombies, die von einem echten Menschen äußerlich nicht unterschieden werden können, oder Zombies, die zwar nach dem gleichen Bauplan wie ein echter Mensch gebaut sind, jedoch z. B. aus anderen Materialien.

Beispiel: Bei einem Menschen werden nach und nach alle Nervenzellen durch siliziumbasierte Mikrochips ersetzt, die exakt die gleiche Wirkungsweise wie eine Nervenzelle haben (die Frage der technischen Machbarkeit wird dabei bewusst außen vor gelassen). Philosophische Zombies spielen eine Rolle in diversen Bewusstseins- und Gedankentheorien.

Den Zombies und Zombiefilmen wurden inzwischen etliche Bücher und sogar eine Enzyklopädie gewidmet und Max Brooks geht vielleicht etwas zu weit, wenn er in seinem „Zombie Survival Guide: Complete Protection from the Living Dead“ von 2003 die Grenze zwischen Fiktion und Realität scheinbar nicht mehr eindeutig zu trennen vermag.

Wie wird man zum Zombie?

Der Forensiker Philippe Charlier hat sich auf seinen Reisen durch die Karibik mit dem Phänomen der Zombiekultur Haitis beschäftigt. Er ist Doktor der Medizin, Forscher am Labor für Medizinethik der Universität Paris V sowie Anthropologe, Forensiker und Dozent. In einem Interview (VICE, online) berichtet er über seine Begegnungen mit den Zombies und wie die Bokors (die Voodoopriester) ihre Opfer mittels eines Pulvers auf Tetrodotoxin-Basis zu willenlosen Sklaven machen.

Er berichtet von einer Frau namens Adeline, der er in einer Nervenheilanstalt begegnete. Sie war 40 Jahre alt, ungepflegt und malte pausenlos Voodoo-Symbole an die Wände. Sie konnte auch über ihren Tod und ihr Leben vor diesem Tod berichten. Ein Bokor hatte sie später ausgegraben und als Haushaltshilfe eingesetzt. Auch über die Zeit in den Diensten dieses Bokors konnte sie klar berichten. Sie konnte entkommen, als das Haus einem Erdbeben zum Opfer fiel, aber die genauen Umstände sind in ihrem Gedächtnis verschwommen.

Genaugenommen sind die Personen natürlich nicht wirklich tot, sondern befinden sich nur in einem todesähnlichen Zustand und werden später vom Bokor wiederbelebt. Hier, so erklärt Charlier, gibt es auf Haiti gleich drei unterschiedliche Varianten von Zombies:

Der **psychiatrische Zombie** ist eine Person, die sich einbildet, tot zu sein. Dies wird als eine Form der Schizophrenie betrachtet.

Daneben gibt es die **Voodoo-Zombies** wie die beschriebene Frau Adeline. Die Opfer werden nur in einen tiefen Schlaf versetzt (meist mit dem Gift des Kugelfisches) und später gräbt der Bokor die „Toten“ wieder aus und macht sie zu einem Zombie, der nur ihm gehorcht.

Die dritte Variante ist ein **„sozialer“ Zombie**, der einen verschwundenen Menschen ersetzen soll. Häufig trifft es Obdachlose, die dann eine neue Identität bekommen, um für die Hinterbliebenen eine Lücke zu füllen, die der verschwundene Mensch hinterlassen hat.

Außerdem berichtet Charlier, dass es in Haiti auch üblich ist, die Menschen als „Strafe“ für ein Verbrechen in einen Zombie zu verwandeln. Dies geschieht natürlich nicht offiziell, sondern durch Geheimgesellschaften. Diese Art der Zombifizierung trifft also vor allem „böse“ Menschen. Und diese erhalten sogar zuvor eine Warnung, bevor sie verwandelt werden. So haben sie noch die Chance, sich zu bessern und das Unheil abzuwenden!

Walking Dead und Co.: Wiedergänger in der Popkultur

Abb. 28: Künstlerische Darstellung einer Zombie-Apokalypse. (© Ahmadreza89, Pixabay)

Zombies werden oftmals als Schreckensfiguren in Horrorfilmen, in entsprechenden Comics oder Computerspielen dargestellt. Sie sind meistens tumb umherirrende Untote mit Hunger auf Menschenfleisch. Im Gegensatz dazu wandelte Bram Stokers Graf Dracula als extrem agiler Untoter durch die Medien und brachte hin und wieder gewisse Analogien des Vampir-Mythos gegenüber den lebenden Toten.

Einen ersten Vorläufer des Filmzombies bekommt man in dem deutschen Schwarz-Weiß-Gruselfilm „Das Kabinett des Doktor Caligari“ zu Gesicht, der 1919 von Robert Wiene gedreht wurde. Dort tauchte der ferngesteuerte Cesare auf, der unter dem hypnotischen Einfluss des Dr. Caligari dessen Befehle ausführte. Obwohl der ausgemergelte und blasse Cesare visuell die Qualitäten eines wandelnden

Leichnams erfüllt, bezeichneten ihn die Produzenten des Films nicht als lebenden Toten, sondern als Somnambulisten, was den schlafwandlerischen Zustand dieses Wesens beschreiben sollte.

Cesare, so heißt es im Film, befindet sich hierbei in einem totenhaften Schlaf. Zudem schläft Cesare nicht in einem Bett, sondern in einer Kiste, die einem Sarg stark ähnelt, was an die Figur des Vampirs erinnert. Der auch heute noch sehenswerte Film gilt vor allem wegen seiner außergewöhnlich verzerrten und verstörenden Kulissen als ein Meilenstein des frühen expressionistischen Films.

Der erste Film über Zombies war Victor Halperins „White Zombie" von 1932 mit Bela Lugosi in der Hauptrolle, in dem die Darstellung der wandelnden Untoten noch sehr dem Voodoo-Glauben der Arbeitssklaven entspricht. Im Film „I Walked with a Zombie" (Ich ging mit einem Zombie) von Jacques Tourneur aus dem Jahr 1943 ist der Zombie eine fast traurige, friedliche Gestalt.

Erst die bekannten Filme von George A. Romero, wie „Die Nacht der lebenden Toten" (1968) und „Zombie – Dawn of the Dead" (1978) machten die Figuren zu Fleisch fressenden Horrorfilm-Monstern. Zombies waren nun hinter dem Fleisch der Lebenden her. Romero gilt auch als der Urvater der untoten Erfolgsgeschichte und prägte den wunderschönen Satz: *„Wenn in der Hölle kein Platz mehr ist, kommen die Toten auf die Erde zurück."*

Mittlerweile sind Zombies fester Bestandteil der Popkultur. Der Zombiefilm bildet ein eigenes Subgenre. In den letzten Jahren zeichnet sich der Trend zu einer neuen Interpretation des Zombiestoffs ab; anstatt tumb umherzuirren, sind die „neuen" Zombies erstaunlich schnell und zielgerichtet (wobei das Ziel dasselbe bleibt – Menschenfleisch).

Ein bekanntes Beispiel dafür ist das Remake von „Dawn of the Dead" von Zack Snyder. In George A. Romeros „Land of the Dead"

(2005) ist bei den Zombies sogar eine gewisse Entwicklung der Intelligenz zu beobachten, was sogar auf eine evolutionäre Entwicklung bei den untoten Kreaturen schließen lässt.

Neuere Adaptionen brachten nach der Jahrtausendwende im nervösen Handkamera-Stil die nackte Angst unmittelbar in unsere Nachbarschaft, so u. a. mit „Quarantäne“, der verstörenden Filmreihe „[Rec]“ oder der actionreichen, französischen Film-Perle „Die Horde“ aus dem Jahr 2009.

Ein besonders beeindruckendes Werk postapokalyptischer Szenarien lieferte der neue Serienhit „The Walking Dead“, der 2011 sogar für den Golden Globe und den Emmy nominiert wurde. Interessant ist hier die Situationsdarstellung nach dem eigentlichen Ausbruch einer unbekannten Seuche und die offensichtliche Zerbrechlichkeit der Zivilisation.

Es sind aber auch humoristische postmoderne Darstellungen des Zombie-Motivs wie „Shaun of the Dead“ entstanden. Doch bereits mit der 90er Jahre-Adaption von „Night of the Living Dead“ unter der Regie von Tom Savini gelang ein kaum bekanntes, klaustrophobisch beängstigendes Meisterwerk der Filmgeschichte.

In diesem Remake des Klassikers ist noch weitaus höher die mehr als reale Benommenheit gegenüber des plötzlich und unerwartet hereinbrechenden Schreckens dargestellt, wobei die lebenden Toten zu einer anfangs regelrecht unterschätzten Gefahr werden, die die Auslöschung der menschlichen Spezies zur Folge haben kann.

Extreme Brutalität lieferten auch die italienischen Zombie-Variationen wie die Werke von Splatterpapst Lucio Fulci, der mit „Woodoo – Die Schreckensinsel der Zombies“ (1978), „Ein Zombie hing am Glockenseil“ (1980) und „Die Geisterstadt der Zombies“ (1981) blutige Schocker lieferte. Marino Girlamis „Zombies unter Kannibalen“ aus dem Jahr 1980 wurde ein Klassiker und Umberto Lenzi entfesselte im selben Jahr den „Großangriff der Zombies“.

Interessant ist anzumerken, dass es in den meisten Zombiefilmen eine gesellschaftskritische Konstante gibt: Die größte Gefahr für die Charaktere geht nicht unbedingt von den Zombies aus, sondern von den Mitmenschen, die wegen der dramatischen Situation in ein Sicherheitsdilemma geraten: Der Wegfall von Normen und Werten, der im Zombiefilm typischerweise mit der Invasion der Untoten einhergeht, und die Angst um die eigene Sicherheit – gepaart mit Opportunismus und Egoismus – erzeugen zwischen den Charakteren ein Klima der Feindseligkeit, das Kooperation verhindert.

Dieser Tatsache fallen – zumindest indirekt – viele der Charaktere zum Opfer: der Mensch wird des Menschen Wolf („Homo homini lupus.", Thomas Hobbes). Dieses Schema lässt sich problemlos auf die tatsächliche Welt ummünzen, da es im Endeffekt egal ist, ob die Gefahr von Zombies ausgeht oder von Krieg, Hunger und Arbeitslosigkeit.

Die Zombies der neueren Filme ähneln immer mehr älteren Vorstellungen von lebenden Toten. Beispielsweise droht die wütende Göttin Ischtar im Gilgamesch-Epos:

„Schaffst du mir aber den Himmelsstier nicht,
So zerschlag ich die Türen der Unterwelt,
Zerschmeiß ich die Pfosten, lass die Tore weit offenstehn,
Lass ich auferstehn die Toten, daß sie fressen die Lebenden,
Der Toten werden mehr sein denn der Lebendigen."

(Albert Schott (Übersetzer), Das Gilgamesch-Epos, Reclam Verlag 1988, S. 58)

Ein besonderes Thema in der Diskussion um Gefahren für die Menschheit sind die mikrobiologischen Feinde der Menschheit, Viren und Bakterien. In vielen fiktiven Handlungen verwandeln sich Menschen durch künstlich gezüchtete Viren zu Zombies bzw. rasende Kreaturen und spiegeln die aktuelle Gefahr der künstlichen Virenzüchtung zum Zwecke der Kriegsführung etc. wieder. Oft waren die Ursachen für Zombie-Apokalypsen auch in militärischen Experimenten oder Umweltverschmutzungen zu finden.

In „28 Days Later“ (2003) befreit ausgerechnet eine wohlmeinende Gruppe von Tierschützern mit einem militärischen Virus infizierte Versuchsaffen aus einem Forschungslabor und setzt so die Biowaffe frei, einen extrem aggressiven Tollwut-Erreger, der Menschen binnen kürzester Zeit zu rasenden Bestien werden lässt.

Insbesondere in der heutigen Zeit sind solche Schreckensszenarien angesichts der biologischen Kriegsführung und der Entdeckung immer neuer, immens gefährlicher Krankheitserreger kaum noch als reine Utopie zu bezeichnen.

Der Streifen war so erfolgreich, dass eine Fortsetzung mit Namen „28 Weeks Later“ (2013) in die Kinos kam. Auch Brad Pitt labte sich 2013 mit „World War Z“ am infektiösen Zombie-Trend und ließ gleich massenhaft „Beißer“ durch die Gassen rennen.

Viren waren auch in Richard Mathesons Roman „Ich bin Legende“ (I Am Legend) aus dem Jahre 1954 das Problem, die, als Krebsheilmittel gezüchtet, leider am Menschen mutierten, woraufhin aus den Infizierten zombieartige Kreaturen wurden, die erhebliche Ähnlichkeiten mit Vampiren hatten und nach der völligen Ausrottung der Menschheit eine neue Evolution einläuteten.

Der meisterhafte Roman wurde insgesamt dreimal verfilmt: Die erste Adaption trug den Titel „Last Man on Earth“ mit Vincent Price (Vincent Leonard Price Jr. 1911-1993), der in vielen Horrorfilmen als Bösewicht brillierte.

In „Der Omega-Mann“, der Filmversion von 1971, musste sich Altmeister Charlton Heston (bürgerlich John Charles Carter; 1923 –2008, bekannt auch aus „Planet der Affen“, „Ben Hur“ oder „Soylent Green“) gegen Mutanten wehren, die das Produkt eines bakteriologischen Krieges waren und wurde so den realen Umständen des Kalten Krieges angepasst.

Die neueste Version hielt sich nicht nur mit dem Titel „I Am Legend“ eng an den Original-Roman, sondern wurde verblüffend realistisch, inhaltstreu und extrem authentisch von Will Smith in der Hauptrolle dargestellt.

Alle Filmversionen und auch der Roman selbst präsentieren uns heute mehr denn je der Realität entsprechend die biologischen Gefahren aus Labor und Umwelt, denen der Mensch ausgesetzt ist.

Wenn man eine grundlegende Botschaft aus Geschichten wie „I Am Legend“ oder den Zombie-Fiktionen ableiten kann, dann ist es die erhebliche Zerbrechlichkeit der menschlichen Zivilisation, die zumindest simuliert bereits in zahllosen anderen, großartigen Werken ohne dem Zombie-Thema dargestellt wurden.

Egal, ob es sich hierbei um Sporen aus dem All handelt, wie beispielsweise in „The Day of the Triffids“, oder um kosmische Katastrophenbringer wie „Armageddon“, „2012“, „Deep Impact“, „Independence Day“(ebenfalls mit Will Smith in der Hauptrolle) und „Greenland“.

Untote und Parasiten: Sind Zombies denkbar?

Faktisch unmöglich ist es nicht, dass es das Phänomen der Wiedergänger auch in der Realität gibt. Wie GEO unlängst berichtete, haben manche **Rädertierchen** (Rotifera) - winzige vielzellige Organismen - wiedergängerische Eigenschaften. Wie das Magazin in seiner August-Ausgabe 2008 meldete, verleiben sich sogenannte **Bdelloiden**, Bewohner von Pfützen, Seen und Teichen, DNS anderer Lebewesen ein, wenn sie sich selbst in einem Stadium zwischen Leben und Tod befinden.

Verdunstet ein Gewässer, trocknet ein Bdelloid zuweilen völlig aus, und die Membran seiner Geschlechtszellen wird porös. Dabei dringt fremdes Erbgut aus der Nahrung ein. Nimmt der Organismus wieder Wasser auf, ist er in der Lage, sich selbst komplett zu regenerieren. Zugleich wird das fremde Erbgut funktionsfähig in die Chromosomen integriert. Den mysteriösen Vorgang hat ein Team um Irina Arkhipova vom *Josephine Bay Paul Center* in Woods Hole im US-Staat Massachusetts beobachtet.

Die besondere Fähigkeit der Bdelloiden hat zur Folge, dass sie verschiedene Arten ausgebildet haben - obwohl sie sich eigentlich nur ungeschlechtlich vermehren, was im Prinzip eine Durchmischung ihres Erbguts verhindert. Zoologen hatten daher schon lange gerätselt, wieso es die sexlosen Bdelloiden dennoch geschafft haben, eine Tiergruppe von etwa 360 Arten zu entwickeln.

Andere Vertreter sind die **Trematoden**, parasitische Saugwürmer, die **Kalifornische Hornschnecken** wie die Cerithidea californica als Zwischenwirt nutzen. Und das auf perfide Art und Weise, denn ihre aus Eiern schlüpfenden Larven befallen die Weichtiere und verwandeln diese in zombieähnliche Brutstätten.

Forscher der University of California publizierten 2008 eine entsprechende Studie in der Fachzeitschrift „Evolutionary Ecology". Der Biologe Armand Kuris, Leiter der Studie, erklärt dazu: *„Sie sehen aus wie Schnecken, benehmen sich wie Schnecken, aber sie machen Trematoden-Babys. Es sind eigentlich lebendige Tote."*

Die Schnecken werden von ihrem Parasiten kontrolliert und benutzt, verlieren jedes Interesse an sexueller Betätigung, da die Trematoden-Invasoren nach dem Eindringen die Geschlechtsorgane der Schnecken zerstören. Fortan fristen die glücklosen Mollusken ihr Dasein als Sklaven im Dienste der fremden Spezies. Ihr genetisches Material ist für die eigene Art verloren, ihre Körper sind nicht mehr als fremdbestimmte Maschinen. Wie Zombies eben.

Organismen leben selten isoliert und für sich alleine. Im Verlauf der Evolution haben sich enge Lebensgemeinschaften herausgebildet, die häufig symbiontisch, manchmal aber auch parasitisch sind. Das gilt auch für uns Menschen, denn wir leben mit vielen hunderten Arten von Bakterien, Protozoen und Pilzen intim zusammen, deren Individuenzahl wohl die Anzahl unserer Körperzellen (>100 Billiarden) übertrifft.

Diese Mikroorganismen bilden auf unserer Haut, auf allen Schleimhäuten und in unseren Verdauungsorganen unzählige Populationen heraus, die für unsere Ernährung, unsere Gemütslage und den Immunstatus von großer Bedeutung sind.

Dagegen fürchten wir die Mikroorganismen und Parasiten, die sich einfach nicht an die guten Regeln des Zusammenlebens halten, sondern sich auf unsere Kosten vermehren und uns als Wirt oder Zwischenwirt nutzen. Denn nicht immer geht die Geschichte für uns gut aus: Nicht nur ein einzelner Mensch kann unter ihnen leiden oder zu Tode kommen, sondern bei ungünstigen Bedingungen, zum Beispiel Epidemien, können abertausende Menschen gleichzeitig erkranken oder sterben.

Die Autorinnen Monika Niehaus und Andrea Pfuhl berichten in ihrem Buch *Die Psycho-Trojaner. Wie Parasiten uns steuern* sehr umfassend darüber und stellen Bakterien, Pilze, Viren, Protozoen und mehrzellige Tiere vor, die uns Menschen äußerlich, sogenannten **Ektoparasiten**, und innerlich, den **Endoparasiten** bzw. **Pathogenen**, sehr nahe oder aus Sicht der Befallenen etwas zu nahe kommen.

Bei der Auswahl der vielen Organismen, unter denen vor allem wir Menschen leiden können, legen die Autorinnen vor allem auf solche besonderen Augenmerk, die einen Einfluss auf unser Gehirn und unsere Psyche haben. Also Parasiten, die sich in unseren Körper einschleichen und unser Verhalten manipulieren.

Monika Niehaus und Andrea Pfuhl befassen sich zunächst mit Kopf- und Kleiderläusen sowie mit Flöhen, die nicht nur lästige Ektoparasiten sind, sondern diverse Pathogene übertragen können. Läuse sind Wirte für die Bakterienarten Borrelia und Bartonella, die als Ursache für Fleck- und Wolhynisches Fieber angesehen werden, welche Millionen Menschen auf Schlachtfeldern, auf der Flucht oder in Gefängnissen das Leben kosteten.

Flöhe und die durch sie verbreiteten Pesterreger, Yersinia pestis, waren in den letzten Tausend Jahren besonders gefürchtet, denn sie entschieden Schlachten und führten zu weltweiten Epidemien, durch die viele Millionen Menschen umkamen.

Nicht zu vergessen die diversen parasitischen Würmer wie Nematoden, Cestoden, Filarien, die nicht nur für den Wirt lästig sind, sondern zu massiven Gesundheitsstörungen, wie im Falle von Elephantiasis, Flussblindheit oder Bilharziose, führen können. Von besonderem Interesse ist das intrazellulär lebende Bakterium Wolbachia, welches offenbar Physiologie und Verhalten von vielen Organismen, u.a. von Würmern, steuern kann. Da sind wir nämlich wieder bei der willenlosen, zombiehaften Kreatur.

Erreger und Pathogene, die das Verhalten von Tier und Mensch steuern können und welche bereits die Menschheitsgeschichte beeinflussten, sind uns heute bereits bekannt. Beispielsweise **Treponema pallidum**, das von spanischen Eroberern aus den Neuen Welt in die Alte Welt eingeschleppt wurde und dort zu Syphilis-Epidemien führte, die nicht vor arm und reich Halt machten.

Bis zur Entwicklung des Antibiotikums Streptomycin im Jahre 1943, war die Syphilis eine gefürchtete Geschlechtskrankheit, vor allem das Endstadium der Neurosyphilis. Zu weiteren Pathogenen, die das Gehirn befallen und das Verhalten verändern können, zählen Viren wie die Borna- und Tollwut-Viren oder das Bakterium Streptococcus myogenes.

Aber wie steht es von wissenschaftlicher Seite aus gesehen mit der Wahrscheinlichkeit einer erschreckenden Zombie-Apokalypse? Ein Team um Professor Neil Ferguson von der University of Ottawa und Carleton University hat sich im Rahmen einer Studie der Zombie-Thematik angenommen und in einem Buch über Ausbreitungsmodelle von Infektionskrankheiten („Infectious Diseases Modelling Research Progress“) veröffentlicht.

Ein Angriff der Untoten könnte demnach schnell zum Kollaps unserer Zivilisation führen, wenn ihm nicht äußerst aggressiv und schnell begegnet wird. Interessant dabei ist, dass diese kurios anmutenden Überlegungen nicht etwa von Horror-Fans stammen, sondern von den kanadischen Mathematikern.

Grundlage der Berechnungen ist die Annahme, dass der Angriff eines Zombies auch das Opfer zu einem lebenden Toten werden lässt. Auch wenn die Grundlage der Berechnungen fiktiv erscheinen mag, so sehen die Mathematiker dennoch einen durchaus realen Bezug zu sich schnell verbreitenden Infektionskrankheiten und möglicherweise noch unentdeckten Krankheitserregern, die ähnliche Symptome hervorrufen könnten, wie sie im Allgemeinen in der Zombiethematik bekannt sind.

In ihrem mathematischen Modell ließen die Forscher die postulierten Zombies gegen normale, lebende Menschen kämpfen, um rein rechnerisch zu überprüfen, welche Seite gewinnen würde und wie schnell. Um uns Lebende jedoch zumindest eine reale Chance zu geben, gingen die Mathematiker von den stereotypen, sich schleppend bewegenden Zombies aus, wie sie aus Klassikern bekannt sind und nicht wie jene intelligenten und sportlichen Untoten neuerer Genre-Verfilmungen. Demnach ist davon auszugehen, dass sich die lebenden Toten sicher nicht so agil bewegen könnten wie ein Leichtathlet oder gesunder Mensch.

Nach ernstgemeinter Auffassung der Forscher sollten wir Nichtinfizierten bei einem derartigen Angriff in jedem Fall schnell, brutal und rigoros zurück schlagen und die Zombies bekämpfen, um eine reale Chance des Überlebens zu haben. Soziale Bedenken oder psychologische Faktoren wären in solchen Fällen fatal, beispielsweise die Frage, wie man mit Infizierten umgeht, die einem einmal persönlich nahe standen. Statistisch besteht hierbei die Gefahr, dass Zombies sich innerhalb von drei Tagen derart schnell vermehren, dass sie schnell eine größere Stadt übernehmen könnten.

Wie wir anhand der Thematik sehen können, gehören lebende Tote und gruselige Zombies nicht vollends in das Reich der Fantasie und

Fiktion. Das Phänomen der Wiedergänger ist Jahrtausende alt und auch die Wissenschaft kennt das Phänomen von den Lebenden Toten.

In der Mainstream-Presse wird so ein Thema gern lächerlich gemacht oder tabuisiert. Postapokalyptische Szenarien mit dem Schrecken des wandelnden Todes, ein Albtraum des Menschen seit Urzeiten, sind nicht selten sozialkritische und realitätsnahe Szenarien, die prognostizieren, wie das Ende einer Zivilisation herbeigeführt wird.

Dabei müssen es keine lebenden Toten sein, die zur Gefahr werden, denn wie wir wissen, genügen dafür oft neue Krankheitserreger, unbekannte Epidemien oder künstlich erzeugte Biowaffen mit einer nicht abzuschätzenden Wirkung auf den menschlichen Metabolismus.

Natürlich gibt es viele andere beängstigende Varianten, wie das Ende der Menschheit aussehen könnte. Naturkatastrophen, Kriege oder der Einschlag eines gewaltigen Meteoriten sind nur wenige Beispiele, wie zerbrechlich die menschliche Zivilisation sein kann.

Teil 5

Exkurs

Das Biest in uns: War der Neandertaler ein räuberischer Primat?

3

[3] © 12019, Pixabay

Das Biest in uns: War der Neandertaler ein räuberischer Primat?

Sind die Urerinnerungen an reale „Bestien" Schuld an unserem Glauben an fleischfressenden Zombies oder blutgierigen Vampiren? Möglicherweise ist diese Frage gar nicht so weit hergeholt, wenn man der provokanten These des Autors Danny Vendramini folgt. Seiner Ansicht nach war der Neandertaler gar nicht so ein friedliches Wesen, wie wir es heutzutage von der klassischen Anthropologie erzählt bekommen. War der Neandertaler ein intelligentes, blutdürstiges Biest?

Danny Vendramini, Autor des Buches „Them and Us", lässt die Wissenschaft erschaudern. Das doch so menschenähnliche Bild, wie es von zahlreichen vermeintlich wissenschaftlichen Rekonstruktionen von Neandertalern in Sachbüchern, TV-Dokumentationen und Naturkundemuseen gezeichnet wird, ist nach Meinung des Autors grundlegend falsch und hat ganz und gar nichts mit Wissenschaft zu tun, sondern eher mit Wunschdenken, eine harmonische Darstellung zu suggerieren.

Vendramini fordert mit seinen eigenen Interpretationen der archäologischen Funde und neuen forensischen Rekonstruktionen unsere bisherigen Vorstellungen vom Neandertaler als eiszeitlicher Höhlenmensch grundlegend heraus: Vielmehr habe es sich um intelligente, aufrechtgehende Primaten, also Affen und gleichzeitig um das am weitesten entwickelte Raubtier der europäischen Eiszeit gehandelt, der später gezielt auch Jagd auf den Menschen machte.

Danny Vendramini ist der Auffassung, dass die bekannten Rekonstruktionen von Neandertalern nicht auf soliden wissenschaftlichen Beweisen basieren. Es fehlen schlichtweg die fossilen Funde wie weiches Gewebe, Haut, Haare, Pigmente oder Augäpfel. Er geht davon aus, dass Neandertaler völlig anders aussahen.

Vendramini glaubt, dass die Rekonstruktionsversuche des Neandertalers derart menschenähnlich ausfallen, weil wir Menschen die

Tendenz besitzen, Tiere zu vermenschlichen, den sogenannten Anthropomorphismus. Müssen Neandertaler die Körperbehaarung verloren haben, nur weil es bei uns genauso war?

Nicht selten werden Neandertaler-Männer fast schon attraktiv und oft sogar sorgfältig rasiert dargestellt. Kinder sind meist nahezu niedlich und tragen sogar eine Art von Windeln. Darüber hinaus werden die Neandertaler-Frauen oft mit Tätowierungen dargestellt und in nahezu allen Exponaten mit vollen Brüsten. Seltsam ist nur, dass die Weibchen keiner bekannten Primatenart permanent ausgebildete volle Brüste aufweisen wie wir Menschen. Übertragen wir also tatsächlich unsere eigenen Vorlieben und Werte auf die Neandertaler?

Auch die forensischen Gesichtsrekonstruktionen sind fraglich, da bisherige Versuche unser Wissen über die Eigenschaften von Muskeln und Hautgewebe des Menschen auf die fossilen Knochenfunde von Neandertalern übertragen, obwohl es deutliche morphologische Unterschiede zwischen menschlichen und Neandertaler-Schädeln gibt. Das funktioniere laut Vendramini auch nicht, denn kein Wissenschaftler würde menschliche Eigenschaften etwa zur Rekonstruktion eines Schimpansen- oder Gorillaschädels anwenden.

Menschen haben sich zudem in den gemäßigten Savannen Afrikas entwickelt, während sich die Neandertaler in den frostigen Gletscherlandschaften des eiszeitlichen Europas entwickelt haben. Als die beiden Spezies dann wieder aufeinandertrafen, waren sie gänzlich unterschiedlichen Umweltbedingungen ausgesetzt. Alles deutet also darauf hin, dass Neandertaler nicht wie Menschen aussahen.

Doch wie haben sie dann ausgesehen? Geht man davon aus, dass es sich bei Neandertalern um große, aufrecht gehende Primaten gehandelt hat, wird es spannend. Vendramini beauftragte einen der führenden Computermodellisten, Arturo Balseiro, mit einer erneuten forensischen Rekonstruktion des Neandertalers.

Auch die Frage nach der potentiellen Körperbehaarung des Neandertalers müsste in die neue Betrachtung mit einbezogen werden, denn im eisigen Europa haben sich Tiere wie Wollhaarmammut, Wisent, Wollhaarnashorn, Höhlenlöwe oder Höhlenbär den extremen Witterungen angepasst. Da macht es Sinn anzunehmen, dass dies bei den Neandertalern ebenfalls so war.

Während den Menschen sich in den Savannen Afrikas eine Vielzahl an Beutetieren aber auch an vegetarischen Nahrungsmitteln bis hin zu Meeresfrüchten zur Verfügung standen, standen dem Neandertaler nur gerade mal eine Handvoll essbarer Pflanzen zur Verfügung, was dazu führte, dass sich die Neandertaler von einem ursprünglichen Allesfresser zu einem ausschließlichen Fleischfresser entwickelt haben müssen.

Mit anderen Worten: Sie gaben ihre einstige Lebensweise als Jäger und Sammler auf und spezialisierten sich ausschließlich auf die Jagd und den Verzehr von Fleisch. Molekularanalysen von Neandertalerzähnen scheinen diese These zu unterstützen, denn die Nahrung des Neandertalers bestand offenbar zu 99 Prozent aus Fleisch. Zudem, und das führt uns wieder zur Ausgangsfrage über die Urangst gegenüber Vampiren, menschenfressenden Bestien und Monstern zurück, belegen ebenfalls ausführliche Untersuchungen von Knochenfunden, dass Neandertaler offenbar auch Kannibalen waren.

Die Neandertaler waren zweifelsohne stärker als der Mensch, darüber hinaus hochintelligent, denn sie beherrschten das Feuer, konstruierten Behausungen und stellten Werkzeuge sowie rasiermesserscharfe Wurfspeere und Messer her. Alles, was den Neandertalern auf ihren Raubzügen in die Quere kam, war ein potentielles Jagdopfer, so auch der Homo sapiens, der folglich zwangsläufig auf den Speiseplan der Neandertaler gelangte.

Somit könnte sich durchaus eine unfassbare Angst vor den menschenfressenden und Blut trinkenden Bestien „aus dem Norden" zu einem kollektiven Gedächtnis bei den Menschen geführt haben.

Vendraminis Neandertaler-Rekonstruktionen wirken vielleicht auf viele Menschen verstörend, doch als vor rund 100.000 Jahren eine

Gruppe von Neandertalern in den Nahen Osten auswanderten, hier zum ersten Mal auch auf dortige frühe Steinzeitmenschen stießen und damit begannen, diese zu jagen, begann eine Ära des Schreckens, die rund 50.000 Jahre andauern sollte.

Die Neandertaler jagten die Menschen sicher nicht nur als Beute für Nahrung, sondern auch zum Stillen des Sexualtriebs. Es muss eine Grauen erregende Zeit der kapitalistischen und sexuellen Prädation gewesen sein, eine Jahrtausende andauernde Raubtier-Beute-Beziehung. Dieses Szenario wird durch die erst 2010 abgeschlossene genetische Analyse nachvollziehbar, die eindeutig belegt, dass sich Neandertaler und Menschen vermischt hatten.

Diese angsteinflößende Begegnung der Arten sieht Vendramini als Grund der heute noch uns Menschen innewohnenden Angst vor dem Biest. Die Menschen konnten langfristig nur durch ihre höhere Intelligenz, Kreativität und Sprache überleben und für weitere 20.000 Jahre machten die Menschen nun Jagd auf die Neandertaler, was zur völligen Ausrottung der „schrecklichen Bestien" führte. Ist es einigen mutigen Menschen zu verdanken, die der Auffassung waren, dass die Neandertaler nun genug gemordet hatten?

Wurde beherzt und geschlossen zum Kampf gegen die Bestien aufgerufen, was am Ende den Spieß völlig umdrehte? Konnte sich der Mensch sich bis heute nur deshalb auf der Erde verbreiten, weil sie dem abgrundtiefen Horror der menschenfressenden Bestien den Kampf ansagten?

Heute sind wir Menschen die Bestie, weil wir keine natürlichen Feinde mehr haben. Wir benehmen uns auf diesem Planeten wie Parasiten, morden unschuldige Tiere und das meist auch noch sinnlos, töten uns gegenseitig, weil wir fanatischen Ideologien hinterherlaufen. Vielleicht schlummert in uns ein Überbleibsel der Bestien von einst, die uns bis heute eine kollektive Angst bescheren und uns bei Untoten, Vampiren und Frankensteins Monster die Haare zu Berge stehen lassen ...

Quellen: Teil 1

Literatur:

Bohn, Thomas M.: „Vampirismus in Österreich und Preußen – Von der Entdeckung einer Seuche zum Narrativ der Gegenkolonisation" (München)

http://docplayer.org/35577034-Vampirismus-in-oesterreich-und-preussen-von-der-entdeckung-einer-seuche-zum-narrativ-der-gegenkolonisation.html

https://www.kakanien-revisited.at/beitr/vamp/TBohn1.pdf)

Golther, Wolfgang: „Handbuch der Germanischen Mythologie" (von Wolfgang Golther, Ord. Professor an der Universität Rostock), 1895, Verlag von S. Hirzel (www.forgottenbooks.com)

Mario, Peter: „Krankheit und Vampirglaube. Ein Beitrag zur Phänomenologie des blutsaugenden Wiedergängers in Südosteuropa" http://www.diacronia.ro/ro/indexing/details/A26693/pdf

Ranft, Michael: „Tractat von dem Kauen und Schmatzen der Todten in Gräbern", Universitätsbibliothek Erlangen-Nürnberg, online, http://digital.bib-bvb.de/view/bvbmets/viewer.0.6.4.jsp?folder_id=0&dvs=1595687593783~56&pid=2715028&locale=de&usePid1=true&usePid2=true#

https://www.zauberspiegel-online.de/index.php/mythen-aamp-wirklichkeiten-mainmenu-288/aberglaube-mainmenu-294/1752-von-dem-kauen-und-schmatzen-der-todten-in-grbern

Rauer, Constantin: „Von der Aufklärung des Vampirismus zum Vampirismus der Aufklärung: Eine west-östliche Debatte zwischen einst und heute" (Berlin / Tübingen)

http://www.vampyrbibliothek.de/vampire/vampirismusdebatte.pdf

Stülzebach, Annett: „Vampir- und Wiedergängererscheinungen aus volkskundlicher und archäologischer Sicht", Archäologisches Institut, Universität Hamburg.

https://zeitenundformen.files.wordpress.com/2018/01/vampir-und-wiedergc3a4ngererscheinungen-aus-volkskundlicher-und-archc3a4ologischer-sicht-von-annett-stc3bclzebach-hamburg.pdf

Tallar, Georg: „Visum Repertum Anatomico-Chirurgicum oder Gründlicher Bericht von den sogenannten Blutsaugern, Vampier, oder in der wallachischen Sprache Moroi, in der Wallachei, Siebenbürgen und Banat, welchne eine eigends dahin abgeordnete Untersuchungskommission der löbl. K. K. Administration im Jahre 1756 erstattet hat."

https://gdz.sub.uni-goettingen.de/id/PPN523541716?tify={%22view%22:%22export%22}

Tegethof, Silke: „Blutsauger, Nachzehrer und andere Untote – Eine kurze Kulturgeschichte des Vampirs" https://www.academia.edu/12674783/Blutsauger_Nachzehrer_und_andere_Untote)

Giessener Anzeiger:
https://webcache.googleusercontent.com/search?q=cache:Al3h62LFsgoJ:https://www.giessener-anzeiger.de/lokales/stadt-giessen/nachrichten-giessen/pfahlen-im-grab-um-luft-abzulassen_16854696+&cd=2&hl=de&ct=clnk&gl=de&client=firefox-b-d)

Online:

https://www.focus.de/wissen/experten/genesis/teil-1-wiedergaenger-schutz-und-abwehrmassnahmen-gegen-wiedergaenger_id_4321126.html

https://www.zdf.de/nachrichten/heute/halloween-angst-vor-tod-und-teufel-auf-der-jagd-nach-untoten-100.html) https://www.bild.de/reise/europa/rumaenien/lonely-planet-transsilvanien-siebenbuergen-dracula-teil-1-39232982.bild.html)

Wikipedia:

https://de.wikipedia.org/wiki/Draugr

https://de.wikipedia.org/wiki/Myling

https://de.wikipedia.org/wiki/Nachzehrer

https://de.wikipedia.org/wiki/Untoter

Quellen: Teil 2

Literatur:

Bohn, Thomas M., Rayk Einax, Stefan Rohdewald; Beitrag „Vlad ‚der Pfähler' als historische Reizfigur" aus dem Buch „Vlad der Pfähler – Dracula. Tyrann oder Volkstribun?" (https://www.harrassowitz-verlag.de/dzo/artikel/201/001/1002_201.pdf?t=1487842896)

Stoker, Bram: Dracula. Roman. Übersetzung der Originalausgabe von K.B. Leder. Genf o. J.

Stoker, Bram: Dracula. Roman. Mit zahlreichen Filmfotos aus Francis Ford Coppolas Verfilmung. München 1992

Online:

https://home.benecke.com/publications/die-wahrheit-ber-vampirismus-in-deutschlandpicture

https://sites.google.com/site/dansemacabreberlin/die-buende/der-ordo-dracul

https://www.anderswohin.de/wismar-wo-nosferatu-gedreht-wurde-auf-den-spuren-des-ersten-horrorfilms/

https://www.focus.de/wissen/natur/tid-12358/fledermaeuse-gibt-es-moderne-vampire_aid_344539.html https://www.focus.de/wissen/natur/tid-12358/fledermaeuse-was-hat-es-mit-dracula-auf-sich_aid_344536.html

https://www.historyofroyalwomen.com/the-royal-women/ilona-szilagyi-draculas-wife

https://www.planetwissen.de/kultur/fabelwesen/britische_schauergestalten/pwiegrafdracula100.html

https://www.rtl.de/cms/rumaenien-dieser-mann-behauptet-er-waere-ein-echter-vampir-4230831.html

https://www.urlaubsguru.de/reisemagazin/transsilvanien-dracula-hotel/

Info:

Heiligen-Geist-Kirche Wismar, Lübsche Str. 46, 23966 Wismar.

Wikipedia:

https://de.wikipedia.org/wiki/Bela_Lugosi

https://de.wikipedia.org/wiki/Christopher_Lee

https://de.wikipedia.org/wiki/Klaus_Kinski

https://de.wikipedia.org/wiki/Max_Schreck

https://de.wikipedia.org/wiki/Tanz_der_Vampire_(Film)

https://de.wikipedia.org/wiki/Vlad_III._Dr%C4%83culea

Quellen: Teil 3

Literatur:

Sechs Irrtümer zum Frankenstein – Was Historiker dazu sagen. Geschichtsverein Eberstadt/Frankenstein (pdf)
www.eberstadt-frankenstein.de

Scheele, W.: Burg Frankenstein Mythos, Wahrheit, Legende, Societätsverlag Frankfurt

Shelley, Mary: Frankenstein. Roman. Independently published 2019

Shelley, Mary: Frankenstein. Roman. Übersetzung der Originalausgabe „Frankenstein or The Modern Prometheus", 1818. Ungekürzte Lizenzausgabe. Genf o. J.

Online:

http://www.heimatgeschichte-muehltal.de/burg-frankenstein/

http://www.muehltal-odenwald.de/geschich/nr/persoenl/dippel.html

http://www.zeno.org/Philosophie/M/Darwin,+Charles/%C3%9Cber+die+Entstehung+der+Arten/7.+Verschiedene+Einw%C3%A4nde+gegen+die+Theorie+der+nat%C3%BCrlichen+Zuchtwahl

https://archive.org/details/pdfy-eZiNAnVd3Sosie9V

https://archive.org/stream/diaryrelatingtob00poliuoft#page/n11/mode/2up

https://publicdomainreview.org/collection/the-newgate-calendar-1795

https://www.bild.de/regional/frankfurt/dr-frankenstein/der-muenchhausen-von-burg-frankenstein-54318726.bild.html

https://www.echo-online.de/lokales/darmstadt-dieburg/muehltal/sagen-aus-muhltal_20137080

https://www.erudit.org/en/journals/ron/1997-n7-ron419/005758ar/

https://www.exclassics.com/newgate/ng464.htm

https://www.exclassics.com/newgate/ngintro.htm

https://www.fr.de/rhein-main/darmstadt/eine-burg-zwei-ansichten-11131511.html

https://www.frankenstein-restaurant.de/die-burg/mythos

https://www.geo.de/geolino/wissen/19835-rtkl-duestere-kreatur-frankenstein-ein-monster-wie-wir https://www.getabstract.com/de/zusammenfassung/frankenstein-oder-der-moderne-prometheus/8479

https://www.haz.de/Sonntag/Tipps-Kritik/Tipps/Aus-Liebe-zum-Monster

https://www.mentalfloss.com/article/526833/how-real-life-science-inspired-mary-shelleys-frankenstein

https://www.prosieben.de/tv/galileo/videos/frankenstein-die-wahren-begebenheiten-hinter-dem-horror-klassiker-clip

www.heimatgeschichte-muehltal.de

Info:

Burg Frankenstein, Frankenstein · 64367 Mühltal · Mühltal. Tel. 06151 501501.

Wikipedia:

https://de.wikipedia.org/wiki/Alessandro_Volta

https://de.wikipedia.org/wiki/Benjamin_Franklin

https://de.wikipedia.org/wiki/Boris_Karloff

https://de.wikipedia.org/wiki/Burg_Frankenstein_(Bad_Salzungen)

https://de.wikipedia.org/wiki/Burg_Frankenstein_(Odenwald)

https://de.wikipedia.org/wiki/Burg_Frankenstein_(Pfalz)

https://de.wikipedia.org/wiki/Frankenstein_(Adelsgeschlecht)

https://de.wikipedia.org/wiki/Frankenstein_(Roman)

https://de.wikipedia.org/wiki/Giovanni_Aldini

https://de.wikipedia.org/wiki/Homunkulus

https://de.wikipedia.org/wiki/Homunkulus

https://de.wikipedia.org/wiki/Humphry_Davy

https://de.wikipedia.org/wiki/Johann_Konrad_Dippel

https://de.wikipedia.org/wiki/Johann_Wilhelm_Ritter

https://de.wikipedia.org/wiki/John_Abernethy

https://de.wikipedia.org/wiki/John_Polidori

https://de.wikipedia.org/wiki/Luigi_Galvani

https://de.wikipedia.org/wiki/Mary_Shelley

https://de.wikipedia.org/wiki/Michael_Faraday

https://de.wikipedia.org/wiki/Paracelsus

https://de.wikipedia.org/wiki/Radu_Florescu

https://de.wikipedia.org/wiki/Robert_Fludd

https://de.wikipedia.org/wiki/Schloss_Frankenstein

Zeno.org:

219. Der Lindwurm am Brunnen (Gebr. Grimm)

Zu Frankenstein, einem alten Schlosse anderthalb Stunden weit von Darmstadt, hausten vor alten Zeiten drei Brüder zusammen, deren Grabsteine man noch heutigentags in der Oberbirbacher Kirche siehet. Der eine der Brüder hieß Hans, und er ist ausgehauen, wie er auf einem Lindwurm steht. Unten im Dorfe fließt ein Brunnen, in dem sich sowohl die Leute aus dem Dorf als aus dem Schloß ihr Wasser holen müssen; dicht neben den Brunnen hatte sich ein gräßlicher Lindwurm gelagert, und die Leute konnten nicht anders Wasser schöpfen als dadurch, daß sie ihm täglich ein Schaf oder ein Rindvieh brachten; solang der Drache daran fraß, durften die Einwohner zum Brunnen.

Um diesen Unfug aufzuheben, beschloß Ritter Hans den Kampf zu wagen; lange stritt er, endlich gelang es ihm, dem Wurme den Kopf abzuhauen. Nun wollte er auch den Rumpf des Untiers, der noch zappelte, mit der Lanze durchstechen, da kringelte sich der spitzige Schweif um des Ritters rechtes Bein und stach ihn gerade in die Kniekehle, die einzige Stelle, welche der Panzer nicht deckte. Der ganze Wurm war giftig, und Hans von Frankenstein mußte sein Leben lassen.

Quelle: http://www.zeno.org/Literatur/M/Grimm,+Jacob+und+Wilhelm/Sagen/Deutsche+Sagen/Erster+Band/219.+Der+Lindwurm+am+Brunnen

60. Der Lindwurm auf Frankenstein (Ludwig Bechstein)

[56] Überm Dorfe Eberstadt, zwei Stunden von Darmstadt, liegen die umfangreichen Trümmer der Burg Frankenstein. Darauf saß ein Ritter, der hieß Hans, nach andern aber Georg, drunten im Dorfe aber floß ein Brunnen, aus dem die Bauern ihr Wasser schöpften, und auch auf die Burg hinauf wurde solches Wasser geholt.

Neben dem Brunnen wohnte ein greulicher Lindwurm, der ließ niemand zum Brunnen, es mußte ihm zuvor ein nicht zu kleines Tier geopfert werden, ein Schaf, ein Hund, ein Kalb, ein Schwein – er fraß alles und viel, und solange er fraß, konnte jedermann zum Brunnen – wenn er aber nichts hatte, so fraß er die Leute, die zum Brunnen kamen.

Da entschloß sich der Ritter von Frankenstein, das Dorf und die Gegend von dem schädlichen Ungetüm zu befreien, wappnete sich und stritt mit dem Lindwurm, der wehrte sich gar wacker, spie so viel Feuer, als ihm möglich war, aber der Ritter schlug dem Wurm endlich den Kopf glatt ab, aber der spitze Pfeilschweif des Drachen kringelte sich um den Ritter und stach ihn hinterwärts, wo die Rüstung nicht deckte, in die Kniekehle, und da der ganze Wurm über und über, außen und innen giftig war, so mußte der wackere Ritter von Frankenstein am Drachengifte sterben.

Danach ist er begraben wor den zu seinen Vätern in die Kirche zu Niederbeerbach (andere sagen Oberbeerbach), wo die Frankensteiner schöne Grabmäler haben, und hat auch ein stattlich Monument erhalten im Harnisch mit Schwert und Streithammer, lebensgroß. Auf den Lindwurm, der seinen Schweif nach der Kniekehle richtet, tritt er, und Engel krönen ihn, ein echtes Bild des christlichen Märtyrers und Heiligen Ritter St. Georg.

http://www.zeno.org/Literatur/M/Bechstein,+Ludwig/Sagen/Deutsches+Sagenbuch/60.+Der+Lindwurm+auf+Frankenstein

Quellen: Teil 4

Literatur:

Bibelübersetzung: Lutherbibel 2017, www.die-bibel.de

Brooks, Max: Der Zombie Survival Guide – Überleben unter Untoten, Goldmann, 2004

Davis, Wade: The Serpent and the Rainbow, Warner Books, 1994

Dendle, Peter: The Zombie Movie Encyclopedia, McFarland & Company, Inc.: Jefferson, North Carolina 2001

Farkas, Viktor: Rätselhafte Wirklichkeiten, München 1998

Gruber, Alexander, Diplomarbeit, Uni Wien: „Lebende Tote. Zombies und ihr schreckenserregendes Potential in der Mainstream-Kinokultur“ (2013)

Jordan, Michael: Cults. From Bacchus to Heaven's Gate. London 1999

Kelm, Remo und Mattes, Daniela „Mystische Welt. Von Jenseitskontakten und Todeswäldern“, Ancient Mail Verlag, Groß-Gerau ISBN 978-3-95652-215-4

Niehaus, Monika, Pfuhl, Andrea: Die Psycho-Trojaner. Wie Parasiten uns steuern. Stuttgart 2018

Roth, Roland: Technogötter. Vorzeitliche Hochtechnologie und verlorene Zivilisationen. Groß-Gerau 2011

Roth, Roland: Die fremde Dimension. Begegnungen mit dem Unfassbaren und anderen Realitäten. Groß-Gerau 2014

Swaaf, Kurt F. de: Die Zombie-Schnecken von Kalifornien. Spiegel online 24.10.2008.

https://www.spiegel.de/wissenschaft/natur/fieser-parasit-die-zombie-schnecken-von-kalifornien-a-585741.html

Ferguson, Neil (u.a.): Infectious Diseases Modelling Research Progress. University of Ottawa. https://www.imperial.ac.uk/people/neil.ferguson

Schott, Albert: Das Gilgamesch-Epos. Reclam Verlag 1988, S.58.

Online:

https://www.vice.com/de/article/mb79mb/wie-haitis-voodoo-priester-gesunde-menschen-zu-willenlosen-zombies-machen

Wikipedia:

https://de.wikipedia.org/wiki/Charlton_Heston

https://de.wikipedia.org/wiki/Vincent_Price

Quellen: Teil 5

Video zum Buch „Them and Us“:
http://www.youtube.com/watch?v=mZbmywzGAVs&feature=player_embedded

http://www.amazon.de/AO-Neandertaler-Simon-Paul-Sutton/dp/B004FVDQC4/ref=sr_1_1?s=dvd&ie=UTF8&qid=1306169127&sr=1-1

http://www.kryptozoologie-online.de/

http://bestiarium.kryptozoologie.net/

http://www.evolutionmensch.de/thema/arten/neanderthalensis.php

Zudem fanden Informationen aus der persönlichen Filmothek/Filmsammlung der Autoren Einzug in dieses Buch.

Bildquellen

Teil 1:

Seite 7: Friedhof, © malsawm, Pixabay, https://pixabay.com/photos/people-adult-man-group-monochrome-3227012/

Abb. 1: Die Walachei, Darstellung der Walachei in den Nürnberger Chroniken (1493),
https://en.wikipedia.org/wiki/Wallachia#/media/File:Nuremberg_chronicles_f_270v_(Valachia).jpg, gemeinfrei

Abb. 2: Haiduke, Harambaša, hochrangiger Kommandant der Haiduken, aus dem westherzegowinisch-dalmatinischen Grenzraum mit typischer Ausstattung. Bild aus dem 19. Jahrhundert, Autor unbekannt,
https://commons.wikimedia.org/wiki/File:Haramba%C5%A1a_from_Dalmatia.jpg, gemeinfrei.

Abb. 3: Pestarzt, Typisches Erscheinungsbild eines Pestarztes im 17. Jahrhundert. Kolorierter Kupferstich eines Pestdoktors von Paul Fürst, *Der Doctor Schnabel von Rom*, ca. 1656, gemeinfrei,
https://de.wikipedia.org/wiki/Pestdoktor#/media/Datei:Paul_F%C3%BCrst,_Der_Doctor_Schnabel_von_Rom_(coloured_version).png

Teil 2:

Abb. 4: Vlad Tepes, Porträt von Vlad Tepes, dem Vorbild des Mythos
https://commons.wikimedia.org/wiki/File:Vlad_Tepes_coloured_drawing.png, gemeinfrei

Abb. 5: Pfählung (um 1593), Illustration in dem Buch *„de Cruce: ad sacram profanamque historiam utiles" von Justus Lipsius,* gemeinfrei

https://de.wikipedia.org/wiki/Pf%C3%A4hlung#/media/Datei:Empalement.jpg

Abb. 6: Schloss Bran, Törzburg, Rumänien
© Bluebird 666, https://pixabay.com/de/photos/t%C3%B6rzburg-schloss-bran-dracula-1569274/

Abb. 7: Pfählungen – dargestellt in der Brodoc-Chronik, daneben wohnt Vlad III. Drăculea speisend der Massenhinrichtung bei, gemeinfrei
https://de.wikipedia.org/wiki/Pf%C3%A4hlung#/media/Datei:Broimp.jpg

Abb. 8: Bram Stoker, Abraham „Bram" Stoker, irischer Schriftsteller (1846 – 1912), Foto: 1906
https://de.wikipedia.org/wiki/Bram_Stoker#/media/Datei:Bram_Stoker1.jpg
Bild von W. & D. Downey, William Downey (1829 – 1915) und Daniel Downey (1831 – 1881) gemeinfrei

Abb. 9: Bela Lugosi *(Béla Ferenc Dezső Blaskó), ungarischer Schauspieler (1882 – 1856) Aufnahme* ca. 1900, https://commons.wikimedia.org/wiki/ File:Bela_Lugosi_18.jpg, gemeinfrei

Abb. 10: Der Aegidienkirchhof, hier eine Aufnahme von 1909, diente als Drehort für Hutters Haus. Gemeinfrei,
https://upload.wikimedia.org/wikipedia/commons/d/dd/HL_Damals_%E2%80%93_Aegidienkirchhof.jpg

Abb. 11: Schauspieler Max Schreck (1879-1936), Foto um 1922 auf einer Postkarte, gemeinfrei
https://de.wikipedia.org/wiki/Max_Schreck#/media/Datei:Max_Schreck_1922.jpg

Abb. 12: Gedenktafel am Drehort, Foto: Roland Roth

Abb. 13: Aufnahme des **Drehort**s, Foto: Roland Roth

Abb. 14: Wassertor in Wismar, Foto: Roland Roth

Abb. 15: Arwaburg (Karpaten), Gemälde von Thomas Ender (1793 – 1875), entstanden 1860
https://commons.wikimedia.org/wiki/File:Ender-arva.jpg, gemeinfrei

Abb. 16: Eingangstor in den Innenhof der Heilig-Geist-Kirche in Wismar, Foto: Roland Roth

Teil 3

Abb. 17: Frankensteins Monster (Boris Karloff), © sethJreid https://pixabay.com/de/illustrations/frankenstein-monster-klassiker-4881296/

Abb. 18: Mary Shelley, posthumes Miniaturporträt, das angeblich nach einer Totenmaske gemalt wurde. Autor: Reginald Easton, gemeinfrei, https://commons.wikimedia.org/wiki/File:Shelley_Easton.tif

Abb. 19: Genfer See, © SofiLayla, https://pixabay.com/de/photos/genfer-see-schweiz-genfer-see-2379789/

Abb. 20: Villa Diodati, 2008, Hier in Lord Byrons Villa entstand einst Mary Shelleys berühmter Roman. Foto: Robertgrassi, Wikipedia, gemeinfrei, https://de.wikipedia.org/wiki/Villa_Diodati#/media/Datei:Villa_diodati_2008.07.27_rg_5.JPG

Abb. 21: Eingang zur Burg Frankenstein (Hessen), Foto: Roland Roth

Abb. 22: Burg Frankenstein (Hessen), Foto: Roland Roth

Abb. 23: Burg Frankenstein (Hessen), Foto: Roland Roth

Abb. 24: Johann Konrad Dippel (Christianus Democritus), Kupferstich aus der Sammlung Carl von Ossietzky der Uni Hamburg, gemeinfrei https://commons.wikimedia.org/wiki/File:PPN663959063_Christianus_Democritus.jpg

Abb. 25: Wilhelm und Jacob Grimm, 1847, von Hermann Blow, gemeinfrei, https://de.wikipedia.org/wiki/Br%C3%BCder_Grimm#/media/Datei:Brothers_Grimm_Blow.jpg

Abb. 26: Paracelsus (Theophrastus Bombast von Hohenheim), Kupferstich von Augustin Hirschvorgel 1540, gemeinfrei, https://de.wikipedia.org/wiki/Paracelsus#/media/Datei:Paracelsus-03.jpg

Abb. 27: Royal Institution of Great Britain, London, 1838, Gemälde von Thomas Hosmer Shepherd (1793-1864), gemeinfrei, https://de.wikipedia.org/wiki/Royal_Institution_of_Great_Britain#/media/Datei:Royal_Institution_Shepherd_TH.jpg

Teil 4

Seite 107: Zombie, OpenClipart-Vectors https://pixabay.com/de/vectors/zombie-untote-monster-frankenstein-156055/

Abb. 28: Zombies, © Ahmadreza89, https://pixabay.com/de/photos/the-walking-dead-zombies-1666584/

Teil 5

Seite 129: Neandertaler, © 12019, https://pixabay.com/de/photos/neandertaler-pr%C3%A4historische-berge-96507/

Die Autoren

Roland Roth, Jahrgang 1971, ist seit vielen Jahren Autor von populärwissenschaftlichen Artikeln in verschiedenen Fachzeitschriften und Anthologien. Etliche Reisen und Recherchen an mystischen Plätzen und vergessenen Orten sind dem Journalisten eine besondere Leidenschaft.

Bis 2019 war er Chefredakteur und Herausgeber des populärwissenschaftlichen Magazins „Q'Phaze – Realität anders!" Für die Zeitschrift MATRIX 3000 schreibt Roland Roth über fremde Welten und unsere spannende Vergangenheit. Zu seinen Buchveröffentlichungen gehören u. a. „Technogötter – Vorzeitliche Hochtechnologie und verschollene Zivilisationen", „Die fremde Dimension – Begegnungen mit dem Unfassbaren und anderen Realitäten", oder „Das Unbekannte gibt es nicht – Vergessene Orte und verlorenes Wissen". Darüber hinaus ist Roland Roth ein großer Hundefan und engagiert sich in der Altenhilfe.

Mehr zu seiner Person finden Sie unter:
https://www.ancientmail.de/autoren/roland-roth/

Daniela Mattes, geb. 1970, Diplom-Verwaltungswirtin (FH) hat ihre schriftstellerische Laufbahn 2005 mit einem Kinderbuch begonnen.

Seither ist sie jedoch in jedem Genre vertreten und hat in verschiedenen Verlagen Kinderbücher, Fantasybücher, historische Romane, esoterische Bücher und Wahrsagekarten veröffentlicht.

Mit zwei Autorenkolleginnen hat sie lange Zeit die Kolumne „Federlesen“ geschrieben, die zunächst in der Tageszeitung, dann als Printausgabe veröffentlicht wurde. Für den Ancient Mail Verlag hat sie bereits einige Bücher ins Deutsche übersetzt.

Daniela Mattes beschäftigt sich seit dem 14. Lebensjahr mit Astrologie und hat einen Abschluss in Astrologischer Psychologie (SGD). Außerdem interessiert sie sich für Wahrsagen und Steinheilkunde sowie alte Kulturen und ungelöste Rätsel.

Mehr Informationen zu ihrer Person finden Sie unter:
www.daniela-mattes.de

Literatur zu den Rätseln der Geschichte dieser Welt und weiteren faszinierenden Themen finden Sie im Verlagsprogramm des Ancient Mail Verlags:

Roland Roth

Die fremde Dimension

Begegnungen mit dem Unfassbaren und anderen Realitäten

ISBN 978-3-95652-116-4, Din A5, Pb,
223 Seiten, 40 zum Teil farbige Abb., **€ 17,80**

Die Welt des Rätselhaften besteht nicht nur aus Nessie, Big Foot und Co.

Sind Zeitrisse, Dimensionssprünge und merkwürdige Begegnungen real? Sind die unheimlichen Erlebnisse, die manche von uns schon einmal erlebt haben, Belege für die Interaktion von verschiedenen Universen? Sind lebende Tote nur eine Erfindung aus Hollywood? Können Menschen in anderen Dimensionen verloren gehen? Sind seltsame Wesen gar vielleicht aus fremden Welten in unsere Realität gelangt? Haben die zahlreichen Rätsel und Mysterien möglicherweise sogar alle einen gemeinsamen Kern?

Dieses Buch nimmt Sie mit auf einen ausgewählten Streifzug durch diese Welt der Mysterien. Lesen Sie von einem rätselhaften Österreich, vom grausigen Lindwurm, von seltsamen Botschaften und einer phantastischen Vergangenheit. Kommen Sie mit auf eine Spurensuche über kosmische Rätsel und unseren Ursprung, über bizarre Lebensformen in unbekannten Tiefen und fremden Welten. Folgen Sie dem Autor zu einer Achterbahnfahrt der Mysterien und riskieren Sie einen facettenreichen Blick in die phantastische Welt der Realität.

Roland Roth und Frank Grondkowski

Das Unbekannte gibt es nicht

Vergessene Orte und verlorenes Wissen

ISBN 978-3-95652-303-8, Din A5, Paperback, 220 Seiten, 76 Farbfotos, **€ 21,90**

Unsere Welt scheint uns heute sehr vertraut und birgt offensichtlich keine Geheimnisse mehr. Weit gefehlt: Hinter bekannten Fassaden, an mystischen Orten, oft lange Zeit verborgen, offenbaren sich seltsame Welten und aufregende Geheimnisse. Es sind Orte, die von längst vergangenen Zeiten erzählen und an denen nicht selten die Zeit stehen geblieben zu sein scheint. Es sind aber auch oftmals sagenumwobene Kraftplätze oder archäologische Rätsel, die in unsere ferne Vergangenheit weisen.

Das Autoren-Duo Roland Roth und Frank Grondkowski berichtet von aufregenden Expeditionen zu geheimen Anderswelten in Deutschland und Europa. Sie waren unterwegs, um mit ihrer Feldforschung den rätselhaften Spuren und mysteriösen Orten auf den Grund zu gehen. Sie dokumentierten hierbei geheimnisumwitterte Plätze und beeindruckende Regionen, interessante Orte und mysteriöse Kultplätze aus vergangener Zeit mit aktuellen Fotos und unvoreingenommenen Recherchen. Sie präsentieren das Mysteriöse hinter der Fassade des Alltäglichen und holen Orte aus dem Dunkel des Vergessens hervor.

Aus dem Inhalt: Das Stonehenge von Sachsen-Anhalt – Die heiligen Hallen – Exkursion in die Steinzeit – Der Spielplatz der Riesen – Der sagenhafte Kyffhäuser – Die Götter der Ostsee – Ein Sachsengott im Harz – Das alte und das neue Rom – Der Jesus aus dem Fels – Begegnungen mit Aphrodite – Das Erbe der Atlanter und vieles mehr.

Sind Sie bereit für vergessene Orte und verlorenes Wissen?

Remo Kelm/Daniela Mattes

Mystische Welt

Von Jenseitskontakten und Todeswäldern

ISBN 978-3-95652-215-4, Din A5, Paperback, 184 Seiten, 87 größtenteils farbige Abbildungen,**€ 17,80**

Der Mensch fürchtet das am meisten, was er nicht erklären kann. Ein Satz mit zeitloser Gültigkeit. Doch leider sind es auch gerade diese Sachen, die auf uns die größte Faszination ausüben. Wir lieben Mysterien und sind von Ihnen fasziniert. Viele vermeintlich unerklärliche Phänomene lassen sich nach eingehender Prüfung schlüssig und sachlich mit ganz weltlichen Begründungen aufklären. Andere wiederum stellen sich im Laufe der Zeit als Fälschungen heraus.

Und dann gibt es noch jene Fälle, für die man erst nach Jahren, Jahrhunderten oder auch nie eine einigermaßen plausible Erklärung findet. Und gerade diese Fälle sind es, die uns am meisten faszinieren und beschäftigen und bei denen wir darauf erpicht sind, mehr zu erfahren, um endlich dem Geheimnis auf den Grund zu gehen.

In diesem Buch stellen wir Ihnen einige dieser unerklärlichen Fälle vor, die zum Teil noch offen und zum Teil recht unbefriedigend gelöst sind. Vielfach stellt man sich auch dann noch die Frage „Wie?" und „Warum?" Begleiten Sie uns in diesem Buch zu mysteriösen Orten und in fremde Welten. Betrachten Sie mit uns historische Mordfälle und blicken Sie in psychologische Abgründe. Lösen Sie literarische Rätsel, folgen Sie den Fährten spurlos Verschwundener und staunen Sie über seltsame Wesen.

Susanne Klimt und Daniela Mattes

Mythos der Weißen Frauen

Wenn Frauen hassen ...

ISBN 978-3-95652-301-4, Paperback, Din A5,
84 Seiten, 18 s/w-Abbildungen, **€ 9,50**

Fast jede Burg oder jedes Schloss berichtet von Geistererscheinungen, die dort hausen und seit Jahrhunderten die Besucher erschrecken. Ganz besonders häufig hört man dabei von einer „Weißen Frau", die ruhelos durch die Gänge streift. Dabei handelt es sich meist um die Geister adliger Damen, die durch einen Unglücksfall, einen heimtückischen Mord oder gar Selbstmord zu Tode gekommen sind.

Diese Damen haben ihren Tod offenbar nicht verkraftet und konnten nicht ins Jenseits gehen, sondern wandern traurig durch die Zwischenwelt. Einsam und unglücklich, aber nicht gefährlich, obwohl ihr Erscheinen manchmal als Zeichen dafür gewertet wird, dass eine Katastrophe oder ein Todesfall bevorsteht. Doch ganz so einfach ist es nicht, sagt die berühmte Seherin Susanne Klimt ...

Susanne Klimt und Daniela Mattes

Hellsehen in Theorie und Praxis

Hochtechnologie vor Jahrtausenden?

ISBN 978-3-95652-280-2, Paperback, Din A5,
88 Seiten, 13 Farbabbildungen, **€ 12,50**

Spannende Einblicke in eine mystische Fähigkeit – das Hellsehen – erklärt von einer echten Seherin!

Hellsehen – was ist das eigentlich? In diesem Buch, das in Theorie und Praxis unterteilt ist, erfährt der Leser zunächst alles Wissenswerte über Hellsehen und die verschiedenen Arten der außersinnlichen Wahrnehmung, bevor es im Praxisteil mit der Seherin Susanne Klimt weitergeht.

Sie geht auf Fragen ein, mit denen hellsichtige Menschen häufig konfrontiert werden. Was macht so eine Seherin und was und wie sieht sie die Ereignisse? Was kann man überhaupt vorhersagen und wo sind die Grenzen? Gibt es ein Verfallsdatum für Vorhersagen und woher kommen diese überhaupt? Können Hellseher auch Kontakt zu Verstorbenen herstellen oder mit dem Schutzengel der Klienten in Verbindung treten? Kann man Hellsehen lernen und wie?

Diese und viele weitere spannende Themen erwarten den Leser in diesem Buch.